당신은 그때
최선을 다했다.

당신은 그때 최선을 다했다

1판 1쇄 발행　　2022년 8월 22일
1판 2쇄 발행　　2024년 2월 29일

지은이　　한경은
발행처　　수오서재
발행인　　황은희, 장건태
책임편집　　마선영
편집　　최민화, 박세연
마케팅　　황혜란, 안혜인
디자인　　피포엘
제작　　제이오
주소　　경기도 파주시 돌곶이길 170-2 (10883)
등록　　2018년 10월 4일(제406-2018-000114호)
전화　　031)955-9790
팩스　　031)946-9796
전자우편　　info@suobooks.com
홈페이지　　www.suobooks.com
ISBN　　979-11-90382-74-8 03180　책값은 뒤표지에 있습니다.

일러두기

이 책에 소개된 다양한 치유글쓰기 기법과 관련 내용은 치유하는 글쓰기 연구소 대표
박미라 선생님에게 배운 것을 기반으로 한다.

(내 삶을 온전히 받아들이는 치유글쓰기)　　　한경은

당신은 그때
최선을 다했다.

수오서재

차례

진정한 나와 연결되기 위하여

책을 시작하며

글쓰기가 나를 구원한 사연을 고백하려 한다. 치유글쓰기를 처음 접한 것은 2005년, 회사가 있던 합정동에 반지하 방을 얻어 별거를 시작한 때다. 당시 나를 가장 무겁게 짓누르는 것은 아이를 데리고 나오지 못했다는 죄책감이었다. 그즈음 박미라 선생님이 안내해준 치유글쓰기가 내 인생의 중요한 전환점이 되었다. 글쓰기가 깊어지면서 나는 내 모습과 직면할 수 있었다. '나는 죄를 지었기 때문에 괴로워해야 한다', '벌을 받아 마땅하다', '나는 행복해지면 안 된다', '누구도 다시 사랑하면 안 된다' 같은 무의식적 신념들을 자각하게 된 것이다. 치유글쓰기를 하기 전까지는 내가 이런 생각들로 스스로 벌을 주고 있다는 사실을 알지 못했다.

글쓰기를 통해 알게 된 또 하나의 진실은 내가 마냥 괴롭기만 한 것은 아니라는 것이었다. 험한 길을 가는 도중에 마주친 작은 꽃 더미에 기분이 좋아지고, 한 줄기 시원한 바람에 해방감을 느끼는 것처럼 일상에서 소소한 자유와 행복을 느끼기도 했다. 오히려 그래서 당황스럽고 부끄러움을 느꼈다. '나는 행복해지면 안 되는데, 그러면 아이에게 너무 미안한데. 가끔이지만 내가 정말 행복해져도 될까?' 스스로 받아들이지 못했다. 그러니 글쓰기를 계속해보는 수밖에 없었다.

내가 집을 나온 이유는 이렇게는 못 살 것 같아서였다. 그러니까 나는 나답게 내 인생을 살기 위해서 집을 나왔다. 이 사실을 알고 나서야 나도 당당해지고 더 행복해져도 괜찮다는 것을 온전히 받아들일 수 있게 되었다. 내가 치유되고 행복해져야 아이에게도 그 힘을 나누어줄 수 있다는 것을 믿을 수 있게 되었다. 그래서 나는 감히 글쓰기가 나를 구원했다고 말한다.

나는 그때의 나처럼 자신을 사랑하고 있으면서도 그걸 알지 못하는, 분명히 자신을 위해 최선을 다해 살고 있으면서도 인정하지 못하는 사람들에게 도움을 주는 일을 하고 있다. 마음이 아픈 사람들 대다수가 곧잘 자신을 좋아하지 않는다고 말한다. 부족한 게 너무 많다고도 한다. 과연 정말 그럴까? 나는 우리가 모두 자신을 사랑하고 있다고 생각한다. 내 마음에 들지 않는 특정한 측면을 싫어하는 것뿐이다. 이때는 엄격한 자아나 처벌적인 자아가 더 나은 사람이 되라고 스스로를 다그치고 있다는 걸 있는 그대로 봐주면 된다. 그리고 그 엄격한 자아조차 나를 위해 애쓰고 있음을 알아주고 인정해주어야 한다. 물론 엄격한 자아의 명령을 좇느라 열등감, 불안, 공포에 시달렸던 내면을 위로하는 일도 필요하다. 이런 과정을 자기수용이라고 한다. 한마디로 말하면 자기수용이란 나의 모든 측면과 친하게 지내는 것이다.

자기수용을 낭만적으로 비유해보면 내가 별과 같은 존재임을 받아들이는 일이다. 눈에 보이는 별이 6,000개쯤 되면 우리 인간은 '별이 참 밝구나' 하고 생각한다고 한다. 하지만 우주에는 약 7 곱하기 10의 22승 개의 별이 떠 있다고 하는데, 이것은 지구의 사막과 해변의 모래 알갱이를 다 합친 것의 열 배보다 많은 양이다. 나의 시야 너머 우주에 별이 빼곡한 장면을 상상해보려 애쓰다가, 문득 '내가 별과 같은 존재구나'라는 생각으로 이어졌다. 무한의 우주 공간에서 인간의 눈에 보이는 약 6,000개의 별들이 얼마나 귀하고 소중한가! 동시에 수천억 개 은하 속의 별들 중에 하나라면 '나'와 '너'의 차이는 얼마나 무색한가! 즉 나는 고유한 동시에 타인과 다르지 않다는 것이다. 이러한 역설이 나의 생을 무겁지도 가볍지도 않은, 그저 다정한 엄중함으로 환대하게 했다. 나의 어떤 측면은 타인의 것이기도 하고, 타인의 어떤 측면은 나의 것이기도 하다는 것을 가슴으로 끌어안게 했다. 그래서 나는 우리가 별과 같은 존재라는 걸 받아들이는 일 또한 자기수용이라고 말한다.

이 책은 자기수용을 위한 글쓰기를 안내하는 책이다. 내가 나를 믿지 못할 때 우리는 자주 다른 사람의 승인이나 감사 같은 것을 통해 자기가치감을 확인하고 증명받으려 한다. 타인에 의한 수용을 갈급하게 된다는 뜻이다. 인간은 본능적으로 안전하고 따뜻한 품에 안기고 싶은 욕구가 있다. 다시 말해, 신이나 신성 같은 절대적인 무엇과 결속되고 하나가 되고 싶어 한다. 우리가 종종 경험하는 뭔가를 잃어버린 것 같은 느낌, 중요한 것이 빠진 것 같은 느낌은 자기 자신과 다시 연결되라는 무의식의 촉구이다. 나는 그 상실과 결핍이 슬픔과 원망과 자책에 머물러 있지 않기를 바라는 생의 부름이라고 믿는다. 자신과 다시 연결되는 것이 신과 하나가 되는 것이라 믿는다. 자신과 연결된다는 말이 추상적으로 들릴지 모르겠다. 내가 어떤 사람인지 아는 것, 어떤 사람이라고 믿고 싶어 하는지 마음 내막을 면밀히 보는 것, 욕구와 생각과 행동이 얼마나 모순적인지에 대해 눈 뜨는 것, 안다고 여겼던 오만에서 모름을 자각하고 겸허해지는 것, 대립적이거나 마뜩잖은 마음의 내용들을 기꺼이 허락하는 것. 그리하여 우리는 본래 빛과 그림자를 동시에 품은 온전함 그 자체였다는 것을 깨닫게 되는 것. 자신과 연결됨은 이런 것 같다. 그래서 나는 자신과의 연결을 위한 구체적인 실천법으로써 치유글쓰기라는 도구를 나누고자 한다.

나를 지켜보는 일, 치유글쓰기

치유글쓰기의 시작은 억압된 자신을 표현하는 일이다. 이는 자기수용의 기본이지만 가장 어려운 부분이기도 하다. 우리는 대개 부정적인 생각이나 감정을 표현하는 걸 힘들어한다. 불편함을 느끼는 것 자체를 불편해하고 나쁜 것으로 인식하며, 낯선 감정에 저항하기도 한다. 이 또한 자연스러운 과정이다. 하지만 불편함을 대하는 자세를 좀 달리해보면 어떨까? 불편함을 느끼는 자신을 비난하지도 말고, 더 성숙한 사람이 되라고 몰아세우지도 말자. 대신 불편함을 만났을 때 '내가 봐야 할 것이 왔구나. 이것과 화해하면 내가 더 편안해지겠구나' 하면서 환대해보자. 치유가 필요한 자리는 불편함으로 드러난다. 알려주니 오히려 고마운 일이다.

　각 장에서 제시하는 글쓰기는 크게 '목록 쓰기/빈칸 채우기 - 15분 글쓰기 - 알아차림 요약하기'로, 단계별로 구성되어 있다. 그것들은 자기표현으로 시작해 자기이해를 거쳐 자기수용이라는 목적을 달성하기 위해 고안된 장치들이다. '목록 쓰기'는 주제에 해당하는 내 마음의 내용들을 최대한 펼쳐놓는 과정으로, 직면을 유도하는 기능을 한다. '빈칸 채우기'는 제시된 사고의 구조로 유인함으로써, 쓰는 사람이 평소의 습관적이고 자동적인 사고에서 벗어나 다른 틀로 생각할 수 있도록 이끈다. '15분 글쓰기'는 본격적인 내면을 살피는 과정으로 구체적인 사건이나 감정과 깊이 만나는 시간이다. 이때 글쓰기는 안내된 치유글쓰기 방법에 맞춰 쓰면 된다. 마지막으로 '알아차림 요약하기'는 앞의 과정을 모두 거친 후에 새롭게 알게 된 점이나 통찰의 내용을 요약함으로써, 나의 정신 작용과 행동을 거리를 두고 바라보는 자기객관화 능력을 키워준다.

제시된 글쓰기 주제들은 하나같이 구체적이다. 예를 들어 '내 인생에서 가장 힘들었던 장면을 써보세요'가 아니라 '뺨 맞은 듯한 모멸감을 느꼈던 그때는?'이라고 묻는 식이다. 구체적인 글쓰기를 촉진하기 위한 장치이다. 그만큼 구체성이 중요하다는 뜻이다. 삶은 구체성을 띠고 있어야 한다. 삶이 추상성으로 둥둥 떠다닐 때 우리는 꿈fantasy을 꾸게 되어 있고, 그러면 현실을 살 수 없다. 실존이란 거창한 게 아니다. 현재의 삶을 사는 것, 삶의 구체성을 만들어가는 것, 그것이 실존이다. 따라서 글쓰기는 실존을 실천하는 도구가 된다.

단계마다 등장하는 사례들은 글쓰기의 막막함을 덜어주고 공감과 위로를 선사할 것이다. 다른 사람의 치유글쓰기를 읽는 것만으로도 치유의 경험이 된다. 예시에 갇히지 말고 자신만의 창조성을 발휘해서 써보자. 책에 적힌 예시보다 언제나 직접 써보는 글이 훨씬 진솔하고 생동감 넘친다.

1. 자유롭게 쓰기

자유롭게 쓰려면 글쓰기가 안전하다고 믿어야 한다. 누구에게 보여줄 것도 아니고 평가받기 위해서는 더더욱 아니다. 그 어떤 주제든, 어떤 글쓰기 기법이든 자유롭게 선택할 수 있다. 일상의 소소한 고민거리, 당장 해야 할 일들, 들끓는 욕망, 채워지지 않는 결핍, 인간관계에서 반복되는 패턴, 해결되지 않은 인생의 주제, 강렬하거나 얼핏 본 감정 등 모든 것에 대해 쓸 수 있다. 의식의 흐름대로 쓰다 보면 특정한 상대에게 보내는 편지가 되기도 한다. 흘러가는 대로 두면 된다.

2. 쉽게 쓰기

글은 합리적이고 논리적이어야 한다고 배웠다. 치유글쓰기는 비합리적이고 무의식적인 글쓰기다. '글'을 잘 쓰려고 하면 치유글쓰기가 안 된다. 치유글쓰기는 글로 옮겨진 '말'이다. 공감받고 싶은 상대에게 말하듯이 편하고 쉬운 말로 쓴다. 우리가 친구와 말할 때 기승전결을 계획하고 말하지 않듯이, 치유글쓰기도 글의 구조나 전개에 대해 미리 생각하지 않는다. 말이 안 돼도 상관없고, 중구난방이어도 괜찮다. 우리 삶이 꼭 이성적이고 합리적인 것은 아니다. 중요한 결정, 긴급한 선택, 어떻게 해야 할지 정말 잘 모르겠을 때 내리는 결정은 사실 (무의식에 가까운) 직관이다. 글쓰기 또한 나의 직관을 만나는 일이다. 글을 잘 써야 한다는 생각에 매여 있으면 도움이 안 된다.

3. 빨리 쓰기

빨리 쓰기는 정해진 시간 동안 쉬지 않고 빠르게 쓰는 걸 말한다. 몰입하기 위해서다. 타이머를 맞춰놓고 15분 정도 글쓰기를 제안한다. 그 이상 몰입하기는 힘들뿐더러 시간이 무한정 있다고 생각하면 오히려 쓸 수 없다. 삶의 유한성과 같다. 유한성이야말로 현재에 머무르게 한다. 특히 빨리 쓰기가 중요한 또 하나의 이유는 글쓰기를 멈추는 순간 에고의 검열이 시작되기 때문이다. 에고는 허락하기보다 통제하기를 좋아한다. 그래서 쉬지 않고 빨리 받아쓸수록 무의식적 글쓰기가 된다. 간혹 손이 내면의 소리를 못 따라갈 때가 있는데, 이럴 땐 타이핑을 하는 것도 좋다.

4. 솔직하게 쓰기

솔직함은 치유를 경험하기 위해 가장 중요한 부분이다. 나에게 발굴되길 기다리고 있는 내면을 만나기 위해서는 자신에게 진실하기만 하면 된다. 낯 뜨겁게, 옹졸하게, 시시콜콜하게 쓸수록 좋다. 그래야 억압됐던 감정과 욕구들이 해방된다. 욕이 나오면 욕을 쓰고, 울분이 터지면 그 소리도 글로 써라. 나의 감정과 욕구를 억압해 나의 일부들이 끝내 내게 외면당하면, 그것들이 결국 밖으로 나와 사고를 치게 돼 있다. 솔직하게 쓰기는 나의 모든 욕망과 욕구와 감정을 허락하는 일이다. 처음엔 낯설고 어려울 수 있다. 자신에게 솔직해지는 일에도 연습이 필요하다.

위의 핵심적인 네 가지 방법 외에도 알아두면 좋을 몇 가지 방법이 더 있다. 특정한 장면을 떠올려 글쓰기를 할 때는 오감으로 써라. 최대한 구체적으로 묘사하라는 뜻이다. 내가 입고 있던 옷, 누군가의 표정이나 몸짓, 날씨나 분위기, 색깔이나 냄새 등 모든 감각을 활용해라. 구체적으로 쓸수록 그동안 외면했거나 미처 몰랐던 감정을 더 깊이 마주할 수 있다. 그뿐만 아니라 내적 자원이나 삶의 기술도 확인할 수 있다.

문장을 쓰다가 불쑥 격한 감정이 올라오거나 신체에 어떤 반응이 나타날 수 있다. 그럴 땐 그 대목에 머무르면서 조금 더 깊이 들어가 보자. 혹은 어떤 감정이나 감각을 일으킨 문장 옆에 '억울함', '가슴 뜀'과 같이 짧게 메모해놓은 후 글쓰기를 이어간다. 몸의 감각과 감정은 우리가 치유해야 할 바로 그곳을 가리킨다. 이를 위해서는 글을 쓰는 동안 감각과 감정을 알아차리는 일이 먼저다. 내면을 알아차리는 훈련을 하다 보면 일상에서도 더 선명하게 나의 감정을 알아차릴 수 있다.

글에 제목도 꼭 달아보자. 글을 쓰기 시작하면서 달든 다

쓰고 나서 달든 상관없다. 처음에 정한 제목이 쓰다 보면 또 달라질 수도 있다. 제목을 붙이는 것은 그 사건과 비로소 솔직한 관계가 시작되었음을 상징한다. 또한 그 사건이 다른 사건과 어떻게 다른지도 분명해진다.

 네 잎 클로버는 각각의 잎마다 의미가 있다. 사랑, 믿음, 소망. 그리고 남은 한 장은 내게 용기를 주는 사람의 이름을 의미한다. 치유글쓰기로 내면 여행을 시작한 당신, 마지막 잎에 당신의 이름을 적을 수 있길 바란다.

기질과 성격 이해하기

진정한 나와 연결되기 위하여

우리는 진리를 찾고

신을 찾는 여행을 떠나기 전에, 행동하기 전에,

다른 사람과 관계를 맺기 전에

반드시 먼저 자기 자신을 이해해야 한다.

◇

지두 크리슈나무르티 *Jiddu Krishnamurti*

십여 년쯤 됐을까. 어느 해 늦가을, 친구들과 지리산 종주를 할 때다. K가 연신 웃으며 감탄사를 흘렸다. 단풍이 너무 아름다워 기가 막히게 좋다면서. 나는 "그렇게 좋아?" 하고 물으며 피식 웃었다. 저렇게까지 좋아하는 게 이해가 잘 가지 않았다.

이제야 알겠다. K는 그 순간, 정말 행복했던 거다. 사랑하는 친구들과 함께 있는 것, 좋아하는 산을 오르는 것, 자유롭게 몸을 쓰는 것, 맑은 공기와 선선한 바람에 부드럽게 땀이 마르는 느낌이 최고로 좋았던 것이다. 심리학자 서은국은 외

향적인 사람들이 내향적인 사람들보다 행복감을 더 잘 느낀
다고 했다. 정리하자면, K처럼 '외향적'인 인간이 '슈퍼소셜
한 관계'를 맺으며, '자유감'을 만끽하는 '쾌감' 상태에 이르렀
던 것이다. 그렇다면 나는 왜 같은 상황에 있었으면서도 그처
럼 행복하다고 느끼지 못했을까? 심지어 기분 좋아 죽겠다
하는 친구가 의아하기까지 했을까? 나 역시 좋아하는 사람들
과 같이 있고, 나의 자유감이 훼손되지 않는, 똑같은 행복의
조건이 충족된 상황이었는데 말이다.

　나는 그 친구만큼 외향적이지 않고, 몸 쓰는 걸 그렇게 좋
아하지 않는다. 산을 오르는 게 너무 힘들어 몸 쓰는 즐거움
이라 여기지 못하고 통증으로 해석했다(이런 통증이 기분 좋을
수도 있다는 걸 그땐 잘 몰랐다). 그러니 단풍이고 나발이고 얼른
산장에 들어가서 뻗고 싶은 마음이 컸다. 기본적으로 나와 K
가 행복을 느끼는 가장 큰 차이는 기질적인 요소다. K는 '행
복 눈금'이 '2'에만 가 있어도 행복하다고 외치는 외향적인 사
람이지만, 나는 눈금이 적어도 '8'에는 가야 행복하다고 말하
는 내향적인 사람이기 때문이다. 그러니 타인에게 "나는 행
복한데, 너는 왜 행복하지 않냐"고 채근하는 건 어리석은 일

1단계 기질과 성격 이해하기

이다. "그 정도면 행복한 거 아니냐"는 충고도 마찬가지다. 그리고 '누구는 참 행복해하는데 나는 왜 행복하지 않을까' 같은 고민도 할 필요가 없다. 행복을 느끼는 민감도는 어떻게 타고났느냐에 따라 다르다.

외향적인 사람이 더 행복해 보이는 이유가 또 있다. 행복을 느끼는 민감도가 높을 뿐 아니라 표현도 적극적으로 한다는 점이다. 반면 내향적인 사람은 같은 상황에 있어도 외향적인 사람에 비해 그렇게 드라마틱하게 표현하지 않는다. 참고로 내향과 외향이란 말은 주로 성격을 두고 쓰지만, 기질에도 내향과 외향이 있다. 내향적인 인간은 좋아 죽겠다 하는 대상도 별로 없고, 싫어 죽을 지경도 그다지 없으니 무미건조해 보일 수 있다. 이상한 게 아니다. 그저 다른 것이다.

행복이란 말이 나왔으니 한 가지 더 이야기해보자면, 맹목적인 행복추구성향에 대해서도 생각해보면 좋겠다. 나는 사람이 왜 꼭 행복해야 하는지 반문하는 편이다. "행복하세요" 같은 인사말은 사용하면서도 공허하다는 느낌을 지울 수 없다. 그렇다고 염세주의자나 허무주의자는 결코 아니다. 누구나 행복할 권리가 있다 정도면 몰라도, 행복하기 위해 태어났

다거나 행복하기 위해 사는 거라는 식의 이런 중독적인 행복
추구성향은 망상에 가깝다고 생각한다. 나는 행복을 고통이
라 여기지 않는 상태로 정의한다. 이런 행복의 정의 아래서는
행복의 범위가 훨씬 넓어지기 때문에 어쩌면 더 행복할 수도
있다.

　당신은 행복을 어떻게 정의하는가? 행복하지 않은 상황을
곧 불행이라고 여기고 있는 건 아닌가? 나의 기질을 고려해
나만의 행복을 정의해보자.

어떤 아이에서 어떤 어른이 되었는가

자기수용을 위한 의식성장 글쓰기의 첫 번째 단계는 기질과
성격을 이해하는 일이다. '뜯어고치기'가 아니라 '이해하기'
라는 점을 명심하자. 우리가 이해해야 하는 기질과 성격이란
각각 무엇일까.

　기질이란 존재가 갖고 있는 본질적이고 고유한 특성이다.

욕구, 소질, 재능 등으로 드러나며 환경에 따라 바뀌지 않는다. 기질에 대한 연구는 아주 먼 과거부터 시작됐다. 기원전 약 460년경 태어난 히포크라테스의 기질론은 19세기까지 그리스·로마의 의학 분야에서 보편적인 이론이었다. 20세기에 들어 프로이트의 영향으로 기질론은 자취를 감추었다가, 최근 다시 기질의 중요성이 대두되면서 DNA 기질검사도 이뤄지고 있다.

분석심리학자 융은 자신의 기질을 알기 위해서는 어린 시절로 돌아가 보라고 한다. 밖에 나가 친구들과 어울려 노는 걸 좋아했는지, 방에서 책을 읽거나 혼자 꼼지락거리며 노는 걸 더 좋아했는지, 어떤 것에 관심이 많고, 무엇에 소질이 있었는지 등을 떠올려보라는 것이다. 유년기는 에고가 생기기 전이고, 성격이라는 옷을 입기 전이라 타고난 기질이 자연스럽게 나타나기 때문이다. 다시 말해, 우리가 정말로 두려워하는 '자기 자신'이나 '생각'이 드러나는 것을 방어하지 않고 열려 있던 시기라서 그렇다.

어른들이 아이들에게 붙이는 꼬리표 중에 가장 흔한 것이 예민한 아이와 순한 아이이다. 까다롭거나 요구가 많거나 불안이 높거나 산만하거나 의존적이거나 혹은 지배적인 성향이 강하거나 스트레스에 취약한 아이를 예민한 아이로 뭉뚱그린다. 반면 태평하거나 요구가 적고 별로 불안해하지 않고 독립적이고(혼자 잘 놀고) 스트레스에 강한 아이들은 순한 아이라고 칭한다. 아이들의 이 모든 고유한 특성이 바로 기질이다. 그런데 어른들은 아이들의 고유함을 좋은 것과 나쁜 것으로 판단해버린다. 이렇게 우리의 기질을 칭찬받거나 핀잔받으면서 특정한 성격이 형성되며 성인이 된다.

30대 중반인 A는 내면세계에서 일어나는 일에 관심이 많고 혼자만의 시간을 통해 에너지를 충전하는 사람이다. 즉, 내향적인 기질이다. 그런데 A의 직업은 대부분 밖에서 활동해야 하고 많은 사람과 부딪히는 일이다. 따라서 일상생활에서 지속적으로 자신의 한계치를 넘는 에너지를 써야만 한다. 너무 오랜 시간 이렇게 지내다 보니 결국 만성적인 피로와 무력감에 시달리고 있다.

중년으로 접어든 B는 최근 어린 시절에 좋아했던 그림 그리기에 도전했다. 수채화 강좌에 등록해 풍경화를 그리는 재미에 빠져 있다. 그동안 사는 일에 치여 기질 따위 안중에도 없이 살았는데, 요즘엔 그림을 그리면서 온전히 자기만의 시간을 갖게 되었다. B는 그 시간 자체가 치유라고 말한다. 본래의 자기 에너지대로 살고 싶은 실존적인 욕구와 삶의 질적인 변화를 향한 생의 요구를 따르는 중이다.

C는 직업상 조금 딱딱하고 진지한 태도가 몸에 배어 있다. 그런데 사적이고 친밀한 관계에서는 쾌활하고 아이 같은 모습을 자주 보인다. 또 평소에 업무 스타일은 조심성 있고 비판적으로 접근하는 편인데, 막상 위기나 갈등 상황에서는 낙천적이고 긍정적으로 대처한다. C의 밝고 낙천적인 기질은 기능적인 역할 수행에서는 잘 드러나지 않다가, 위기 상황에서 발현되어 난관을 헤쳐 나가는 힘으로 활용된다.

A처럼 기질대로 살지 못하면 부작용이 생길 수 있다. 또한 B의 사례와 같이 생이 우리에게 자기답게 살도록 요구하는 시기가 있고 그것을 알아차리는 것 역시 중요하다. 때론 C처럼 위기나 갈등 상황에서 기질이 드러나기도 한다. 당신은 어떤 어른이 되어 어떻게 살고 있는가? 이제 감정을 살펴보자.

불안과 외로움으로 보는 기질의 차이

외로움을 느끼지 않는 사람은 없다. 그렇다면 기질에 따라 외로움이라는 걸 어떻게 다르게 경험하는지 살펴보자.

D는 사랑하는 사람과 같이 있을 때(혹은 연애를 할 때) 유독 외로움이 깊어진다. D는 그런 자신이 잘 이해되지 않는다. 사랑하는 사람이 있고, 상대의 마음도 나와 다르지 않다는 걸 알고 있는데도 그렇게 외로울 수가 없으니 말이다.

E는 사람들 틈에 끼지 못할 때 외로움이 커진다. 친구들이 됐든 사교 모임이 됐든, 심지어 가족 안에서도 자신이 겉도는 것 같을 때 외로움에 몸서리치게 된다. 친구가 없는 것도 아니고 사람들에게 따돌림받는 것도 아닌데 왜 그렇게 외로움을 강렬하게 느끼는지 모르겠다.

외로움에 대해 서로 다른 감정을 느끼는 D와 E의 사례를 들여다보자. D는 내향적인 데다가 애착 욕구가 강한 기질을 갖고 있다. 그래서 특별한 한 사람과 뗄 수 없이 깊은 관계를 맺는 것에 대한 환상이 있다. 매우 특별하게 사랑받는 느낌을 갈구하고, 누군가에게 가장 중요한 사람이길 원한다. 관계에서는 연결감이 중요하기 때문에 둘 사이의 연결이 끊어진 것 같거나 관계가 헐겁다고 느낄 때 외로움도 깊어진다.

E는 외향적인 데다가 힘의 욕구가 강한 기질을 갖고 있다. 일대일 관계에서는 비교적 자신의 힘을 잘 발휘할 수 있지만 아무래도 다수의 관계에서는 일대일에서처럼 힘을 쓰기가 쉽지 않아진다. 그래서 E는 자신이 중심이 되지 못하는 것을 소외라고 판단하는 경향이 있다. 소외라는 상황에서 분노와 외로움이 뒤따르는 것은 당연하다.

정리하면 D는 중요한 관계에서 자신이 특별한 존재이지 못할까 봐 두렵고, 특별하지 않다고 느낄 때 외로워진다. E는 자신이 중심이 돼서 힘을 쓰지 못할 때 화가 나고, 자신에게 그런 자리가 없다고 여겨질 때 외로워진다.

불안도 마찬가지다. 불안이 없는 사람은 없지만, 불안에 반응하는 민감도와 내용이 다를 뿐이다. 불안도가 높은 F라는 사람과 불안도가 낮은 G라는 사람이 있다. 기본적으로 불안이라는 감정은 과거 경험의 영향이 크고 부모의 불안이 전이되는 경우도 많다. 하지만 분명히 타고난 기질도 있다. 후천적으로 불안도가 높아진 경우가 아닌, 기질적인 원인에 주목해보자.

F는 불안도가 높아 위험한 상황을 예민하게 파악하기 때문에 위기대처 능력과 임기응변 능력이 뛰어나다는 강점이 있다. 하지만 세상에 대담하게 뛰어들어 모험하기를 주저해 다양한 경험을 하기 힘들다(물론 이런 제약은 살면서 의식적으로 노력하며 줄여나갈 수 있다).

그렇다면 G는 어떨까? 불안도가 낮은 G도 당연히 강점과 한계가 있다. G의 강점은 평소 행동이 들뜨지 않고 차분하다 보니 생각이 깊고 문제를 냉정하게 해결한다는 점이다. 반면에 숙고하는 경향이 크다 보니 즉각적이고 임시적으로 해결해야 하는 임기응변 능력에는 제약이 있을 수 있다. 기질에 따른 장단점은 나름 공평하다.

두려움과 욕망이 성격을 만든다

다양한 성격유형론 중에 알아차림과 영적인 성장을 중시하는 에니어그램의 관점에서 성격을 살펴보자. 에니어그램의 영적 교사인 돈 리처드 리소는 성격을 "진정한 자아를 덮고 있는 검은 껍질"로 표현한다. 힌두 사상에서는 (표면을 덮고 있는) '검은 타르'라고도 하는데, 모두 성격이라는 것이 진짜(근원, 본질)가 아니라는 뜻이다. 그렇다면 성격은 어떻게 형성될까? 바로 두려움과 욕망이 성격을 만든다. 물질세계에서 육체를 입고 사는 불완전한 인간이 현실이라는 장에서 내면의 두려움으로부터 도망치고, 욕망을 추구하면서 만들어진다고 보는 것이다. 그렇게 성립된 자기만의 방식이 성격이다.

유명한 영화의 대사를 예로 들어보자. 자신에게 불리한 상황에서 "나 이대 나온 여자야"라고 말하는 '나'가 있다. '이대 나온 여자'라고 말하는 자아(에고)가 바로 껍질에 해당하고, 이런 생각은 에고의 정체성에서 나온 것이다. 이 에고는 누구도 나를 함부로 할 수 없다는 특권의식이 있다. 하지만 겉으로 드러나는 그 특권의식 아래에는 스스로 보잘것없다고 여기며 두려움에 떠는 취약한 내면이 자리 잡고 있다. 내면의 수치심이나 두려움으로부터 도망치고 우월감의 욕망을 추구하면서 만들어진 껍데기, 그것이 성격이다. 그렇기 때문에 '이대 나온 여자'도, 이대 나온 여자라고 포장해야만 하는 내면의 취약한 자아도 진짜 '나'는 아니다. 세상에 상처받지 않길 원하는 자아가 스스로 보호하기 위해 만들어낸 자기만의 방식이니까.

성격이 진짜 '나'도 아니라면서 성격을 아는 일이 왜 중요할까? 성격은 '참나'의 자의식이 드러나는 껍질층이라고 했다. 이 껍질층이 두꺼워지면 진정한 자아로부터 멀어지게 된다. 본연의 자신(참나)으로부터 멀어진 나를 바로 알기 위해서 가짜 나를 아는 일만큼 중요한 일이 있을까? 그게 바로 성격을 이해하는 과정이자 목적이다. 진정한 나로 살기 위해서는 그 껍질층부터 이해하고 벗어나야 하기 때문이다. 성격에 묶여 있으면 편안하지도 자유롭지도 못하다. 성격에 고착되어 산다는 건, 갑옷을 두르고 사는 격이다. 다시 강조하지만 우리는 성격 너머의 존재이며, 단지 특정한 성격을 갖고 있을 뿐이라는 것을 기억하자. 마음공부란 나는 누구인지, 왜 여기에 왔는지를 탐구하는 과정이다. 종국에는 성격 이상의 진정한 자신을 발견하는 일이 최종 목표다.

의식성장을 위해 수련을 하는 과정에서 우리가 처음으로 할 일은 다음과 같다.

'내가 이런 껍데기를 뒤집어쓰고 있구나.'

'내게 우월을 향한 욕망이 있구나.'

'이 욕망이 생긴 이유는 그것이 내게 없다고 여겼기 때문이었구나.'

'나는 나를 이렇게 작고 보잘것없다고 판단했구나.'

'그런데 이런 생각은 언제 어떻게 만들어진 거지?'

이런 식으로 하나하나 점점 더 깊이 자신을 탐색하는 것이다. 성격을 탐구하는 과정은 자신의 내적 비리를 파헤치는 작업이기도 하다. 내적 비리란 내가 보기 싫어서 숨겨둔 것, 회피하거나 부인한 나의 어두운 면이라고 이해하면 된다. 그런 비리들을 보게 될 때 '내가 겨우 이 정도밖에 안 되는 인간이라니' 하는 탄식이 새어 나오기도 한다. 하지만 너무 겁먹지 말자. 몇 번 반복되다 보면 어느새 '한 꺼풀 더 벗어던졌다!' 하는 환희의 탄성으로 변한다. 나를 알아가고 깊이 이해하면서 삶을 긍정하게 되는 건 기쁜 일이다. 또한 자기이해 능력을 키우고 자존감을 높이는 방법이기도 하다. 내가 어떤 성격인지, 그래서 그 성격이라는 필터를 통해 자신과 세상을 어떻게 바라보고 해석하는지, 나 자신과 사람들을 어떻게 대하는지, 어떤 두려움을 가졌는지, 두려움으로부터 어떻게 어디로 도망치는지, 무엇에 기뻐하고, 어떤 사람과 어떻게 사랑에 빠지는지, 어떤 방식으로 이별하는지 같은 중요한 사실들을 알게 될 것이다. 잊지 말자. 내가 어떠한 성격의 옷을 입었든 그것은 나를 세상에 드러내는 방식이었다는 것. 나는 어떻게든 나를 드러내고 살아왔다는 것. 그 모든 것은 결국 나를 위한 것이었다는 사실도 함께 인정해야 한다. 그렇게 애쓴 나를 위로해주자.

기질과 성격을 제대로 아는 일

〰〰〰〰〰〰〰

나의 고유한 기질과 세상에 적응하며 살기 위해 만들어진 성격을 두고 스스로 책망하거나 우월감에 빠지지 말자. 그리고 타인을 이상하게 보거나 덮어놓고 부러워하지도 말자. '나는 이렇구나', '당신은 그렇군요'에서 끝내면 된다. 세상엔 좋기만 한 것도, 나쁘기만 한 것도 없다.

  자신의 기질과 성격을 잘 아는 일이 중요한 첫 번째 이유는, 몸과 마음 모두 건강하게 살기 위해서다. 기질과 성격을 자연스럽게 드러내지 못하고 살면 몸과 마음에 병이 나기 마련이다. 자신의 기질과 성격을 잘 알고 있는 사람도 있지만, 대개는 그렇지 않다. 부모와 사회가 요구하는 기능적인 인간으로 살다 보면 자신의 진짜 기질을 알지 못하거나, 기질과 너무 다르게 살면서 힘들어하는 경우가 흔하다. 심하게는 특별한 이유 없이 공허감과 외로움이 깊어지거나, 뭔가 중요한 것이 빠진 것 같은 느낌이 들고, 세상을 속이고 사는 것 같아 자신이 마치 사기꾼인 것 같은 기분에 빠지기도 한다.

기질과 성격을 이해해야 하는 두 번째 이유는 치유와 성숙을 위해서다. 자신과 타인을 비난하지 않고, 있는 그대로 수용하는 길이다. 그래야 상처 입는 패턴을 반복하지 않고, 나도 모르게 누군가에게 상처 주지 않을 수 있다. 나 자신이 왜 그렇게 외로워하는지 그 이유를 모르면 일단은 답답하고, 그 답답함을 해소할 수 있는 가장 쉬운 방법이 자신과 타인을 비난하는 것이다. '외로움을 느끼는 나는 나약하고 한심하다', '나를 이해하지 못하는 당신은 나쁘다'라는 식이다. 이렇게 자신과 타인을 비난하는 마음 아래에는 분노가 있다. 욕구가 충족되지 못하거나 반복적으로 좌절되면 분노가 쌓인다. 이 또한 인간적인 것이다. 그렇다고 무턱대고 분노를 표출하면 안 되기에 차분하게 분노를 인정하고 자각하는 연습이 필요하다. 이해하기만 하면 된다. 나도 모르게 뱉어낸 말들의 속내를 이해하다 보면 분노의 불씨는 저절로 꺼지게 되어 있다.

'나는 애정의 욕구가 충족되지 못해서 화가 나는구나. 나는 정말 끔찍이도 사랑받고 싶었구나.'

'나는 힘의 욕구가 충족되지 않아서 화가 나는구나. 나는 중심이 되고 싶고, 사람들이 나를 믿어주기를 바라는구나.'

마지막 이유는 의식적인 삶을 살기 위해서다. 나의 행동으로 드러나는 기질과 성격의 메커니즘을 이해한다면, 욕구와 필요를 더욱 명확하게 인식할 수 있다. 그래야 자신을 더 잘 돌보면서 의식적인 삶을 영위할 수 있다. 대인관계에 쏟아야 하는 에너지를 조절하는 일부터 삶을 향유하는 정도와 스타일, 죽음을 준비하고 맞이하는 태도까지, 제대로 이해하고 사는 거다. 기질과 성격을 정확히 안다는 건 진정한 자신과 다시 연결되는 일이다.

실전 치유글쓰기

기질과 성격을 이해하는 글쓰기

어린 시절의 나는 무엇을 좋아하고 무엇을 싫어했나? 밖에 나가 친구들과 어울리는 걸 좋아했나? 집에서 인형 놀이를 하거나 책을 읽는 게 더 좋았나? 누구와 있을 때 편안하고 좋았는가? 호기심을 갖고 어린 시절의 나와 만나보자. 눈을 감고 상상해본다. 문을 열면 어린 시절로 가는 계단이 있다. 한 계단씩 천천히 내려간다. 어린 시절의 어떤 나를 만나게 될지 기대되고 설렌다. 우선 기분 좋았던 때로 가보자. 세상모르고 순간에 머물 수 있었던 그때, 현재만을 살았던 그때, 떠올리면 기분이 좋아지는 장면들. 시간의 순서와 상관없이 떠오르

는 대로 써라. '그때 참 좋았지'로 시작하는 문장을 완성하며
목록 쓰기를 한다.

목록 쓰기: 나의 기질 알아보기(10개 이상)

～～～～～～～

그때 참 좋았지. _____ 했을 때.

예)

· 그때 참 좋았지. 혼자서 인형을 가지고 놀 때. 아기 안는 느
  낌이랑 비슷한 인형을 안고 있으면 꽉 찬 포근함이 참 좋
  았어.

· 그때 참 좋았지. 블록을 쌓고 만들며 놀 때. 일정한 모양을
  갖추며 조각끼리 착착 맞아가는 게 재미있었어.

· 그때 참 좋았지. 명절이 되면 사촌들과 한방에 모여서 이불
  뒤집어쓰고 귀신 놀이 했을 때. 여러 사람이 모여 웃고 장
  난칠 때 정말 신났어.

- 그때 참 좋았지. 책 읽는 게 너무 재밌어서 글로 된 건 뭐든 닥치는 대로 읽었을 때. 두 번째 읽으면 머리에 그대로 박히면서 스펀지처럼 흡수되는 느낌이었지.
- 그때 참 좋았지. 피아노 실력이 한창이었을 때. 내가 가곡을 연주하면 아빠가 옆에서 노래를 부르시곤 했어. 가족이 함께 즐거워했어.

목록에서 공통점, 특이사항 찾아보기

목록 쓰기를 마쳤다면 내용을 점검해보고 어떤 특성이 두드러지는지 살펴보자. 지금도 여전히 그렇게 살고 있거나, 그렇지 못한 부분들이 보일 것이다. 아래의 예시처럼 나의 목록에서 공통점이나 특이사항을 정리해본다.

예)
- 혼자서도 잘 놀았다.

- 손으로 무언가를 만지고 만들어내는 걸 좋아했다.

- 가족이나 친척들이 서로 어울릴 때 즐거웠다.

15분 글쓰기:

자신의 목록에서 한 가지 주제를 골라 떠오르는 대로 글쓰기

자신의 목록 중에서 한 가지 주제를 선택해 글쓰기를 해본다. 쓰고 싶은 이야기를 써라. 나의 이야기를 온 가슴으로 들어줄 준비가 돼 있는 사람이 있다. 그가 내 앞에서 미소 짓고 있다고 상상해보자. 그에게 이야기하듯이 써보는 것도 좋다. 그러면 더 신나서 얘기하게 되고 더 생생한 글쓰기를 할 수 있다. 물론 당신이 저절로 써지는 대로 쓰는 게 제일 좋다. 집중해서 딱 15분만 써보자.

피아노를 치는 나   민지

나는 초등학교 다니는 내내 피아노 치는 걸 무지 좋아
했고 꽤 잘 쳤어. 무엇보다 내가 피아노 치는 것을 엄마
와 아빠 두 분 모두 참 좋아하셨어. 엄마는 당신이 어렸
을 때 잠시 배운 적이 있어서 그랬는지도 몰라. 내가 소
곡집을 연주하면 엄마는 행복해했어. 초등학교 4학년
때부터인가 아빠 직장이 다른 지방으로 발령이 나서 주
말에만 집에 오셨어. 아빠가 좋아하는 가곡을 연주하면
당신의 학창시절을 떠올리며 노래를 부르셨어. 그럴 때
아빠는 참 즐거워 보이셨어. 나중엔 슈베르트 가곡집도
어렵게 구해다 주셨지. 뭐든 악보만 펼치면 그대로 곧
잘 치는 내 모습을 신기해하고 기특해하셨던 것 같아.
엄마도 함께 노래했는지는 잘 기억이 나지 않지만, 다
함께 즐거웠다는 기억은 선명해.

평소 우리 집 분위기는 그다지 유쾌하고 밝지만은 않았

는데, 내가 피아노를 칠 때만큼은 화기애애하고 즐거웠던 것 같아. 지금 생각해보니 그때의 나는 주목받고 인정받아서 기분이 좋았던 게 아니었을까 싶어. 반주하며 합창할 때면 뭔가를 해내는 근사한 존재 같았거든. 그때 부른 노래는 〈그 집 앞〉, 〈선구자〉 등 고전적인 가곡들이었어. 지금도 그 노래들을 떠올리면 나는 피아노를 치고 옆에서 신나게 노래하시던 아버지가 떠올라. 엄마는 주로 클래식 명곡을 좋아하셨어. 〈꽃노래〉, 〈트로이메라이〉, 〈세레나데〉 등 명곡집을 근사하게 연주하면 엄마는 활짝 웃으며 너무 좋다고 말씀하시곤 했어. 그래. 그래서 난 피아노 치는 걸 참 좋아했는지도 몰라. 내가 참 괜찮은 존재, 근사한 존재처럼 느껴져서. 아. 심지어 우리 반에서도 내가 제일 잘 쳤던 터라, 음악 시간이면 선생님 대신 풍금을 연주하곤 했어. 내가 꽤 근사하고 뛰어난 존재처럼 느껴졌어.

피아노 치는 것이 행복했던 다른 이유도 있는데 그건 나의 감정과 스트레스를 표현하고 푸는 도구였기 때문이야. 마구마구 치고 때리고 거기에 따라 웅장한 소리

가 울려 퍼지고 나면 스트레스가 좀 풀리더라고. 그래

서 지금도 피아노를 종종 치고 있어. 자주 하진 못하지

만 말이야.

알아차림 요약하기: 나의 기질과 성격 수용하기

───────────

목록 쓰기와 15분 글쓰기를 하면서 드러난 나의 기질과 성격

을 요약해보자. 새롭게 발견하거나 더 깊이 이해하게 된 점도

확인한다. 짧은 문장으로 요약해보면 자기이해가 더 명확해

진다. 아래 예시를 참고해서 나의 기질과 성격에 관한 5개 정

도의 요약 문장을 만들어보자.

예)

- 무언가를 탁월하게 잘하는 게 중요하고 그것에 대한 우월

   감이 있다.

- 가까운 사람의 감정 상태에 영향을 잘 받는다.

- 나로 인해 주변 사람들이 즐거워하는 것이 좋다.
- 사람들 앞에서 실력을 드러내고 보여주는 것을 즐기는 편이다.
- 다른 사람에게 주목받고 인정받는 것을 좋아하는 성향이다.
- 혼자서 감정을 표현하고 발산하면서 스트레스를 해소한다.

요약 문장을 만들어봤다면 일상에서 편안하거나 어렵게 느껴지는 일들이 나의 기질이나 성격과 어떤 연관이 있는지 들여다보는 시간을 갖길 바란다. 이점에 대해서도 글쓰기를 해보면 더 좋다.

나의 기질과 성격을 알 수 있는 추가 글쓰기 주제

기질과 성격을 알 수 있는 글쓰기 목록을 좀 더 소개한다. 아래 목록들에서 마음이 가는 주제를 골라 써보자. 그 밖에 자기만의 창의적인 주제를 개발해볼 수도 있다.

- 내가 좋아하는 것 목록 쓰기

- 내가 싫어하는 것 목록 쓰기

- 내가 좋아하고 닮고 싶은 사람의 좋은 점 목록 쓰기

- 내가 싫어하거나 어려운 사람의 불편한 점 목록 쓰기

친절한 태도로 나 자신을 좋아하는 일

당신은 왜 여기에 있는가?

우주의 신성한 의도와 목적을 펼치기 위함이다.

당신이 그토록 소중한 존재인 까닭이 바로 여기에 있다.

❖

에크하르트 톨레 *Eckhart Tolle*

나는 우리 엄마가 자기연민이 너무 강하단 사실에 불만하여 미워한 적이 있다. 엄마는 세상에서 가장 불행한 여자처럼 굴 때가 있었다. "서방 복 없는 년이 자식 복도 없다"며 서럽게 울곤 했다. 그런 모습이 약간은 연극적이기도 해서 엄마가 저런 행위를 즐기고 있나 하는 생각이 들 정도였다. 그럼에도 불구하고 나는 엄마의 불행에 책임이 있다고 생각했고, 엄마가 행복하지 않은 것에 죄책감을 느꼈다.

누군가 자기 자신을 비참하게 몰고 가는 모습을 자주 목격한다는 건 그 자체만으로도 부정적인 에너지를 전달받기 때문에 힘들다. 특히 자녀는 부모의 감정과 내적 신념을 고스란히 자기 것으로 받아들인다. 나 또한 그랬다. 내 영혼은 엄마의 감정에 책임감과 죄책감을 느껴야 하는 부당함에 화가 났을 것이다. 하지만 의식 차원의 나는 화가 난 줄도 모를뿐더러, 사랑받는 착한 딸이고 싶어 무의식적으로 분노를 억압했다.

감정은 전염성이 강하지만 위장술도 뛰어나서, 어떤 감정이 억압되면 다른 감정으로 치환되는 경우가 많다. 나의 억압된 분노는 불안과 두려움을 키웠다. 내가 '엄마 같은' 모습을 보이면 다른 사람이 나를 싫어할까 봐 두려웠다. 물론 이런 두려움 또한 의식에서 자각되는 건 아니다. 두려움은 진짜 자기를 속이며 살게 만든다. 이런 과정으로 나는 자연스럽게 엄마처럼 자기연민에 빠지지 않겠다고 다짐했다. 그래서 눈물짓는 여리고 나약한 모습, 징징대는 태도, 불만을 토로하고 투정 부리고 싶은 마음을 내색하지 않으려 애쓰며 살았다. 내가 자기연민을 정확히 이해하지 못할 때였다.

내가 엄마를 향해 그랬듯 자기연민이란 말은 부정적으로 쓰이는 일이 많다. 예를 들어, "당신은 자기연민이 너무 강해.

이제 그만 자기연민에서 빠져나와" 같은 말을 하는 경우이다. 자기연민에 대한 오해에서 비롯된 충고이다. 이번 장에서는 진정한 자기연민이 무엇인지 살펴보자.

가짜 자기연민과 진정한 자기연민

이제는 그때의 엄마와 나야말로 진정한 자기연민이 필요한 사람이었음을 안다. 그렇다면 우리의 행동을 어떻게 해석해 볼 수 있을까? 엄마의 경우는 내면화된 수치심이 깊었기 때문에 이를 대면하지 않기 위해 외부조건에 사로잡혀 있었다고 볼 수 있다. 그러면서 자신이 행복하지 못하다는 알리바이를 계속 만들어내고 확인하려 했다. 만족스럽지 못한 결혼생활을 하는 사람들이 배우자나 자녀, 부모에게 집착하는 것과 같다.

나의 경우는 내면의 분노와 의존성을 억압하면서 거짓 강인함으로 똘똘 뭉쳐 있었다. 나의 의존성을 부인하고 억압했기 때문에 엄마의 나르시시즘적인 의존성과 마주하기가 힘들었다. 이러한 정신작용을 투사projection라고 하며, 나 역시 건강하지 못한 나르시시즘 상태였기 때문에 나타난 방어기제였다.

투사란 나의 억압된 면을 타인에게서 발견할 때 불편한 마음이 드는 걸 말한다. 나르시시즘은 자존감과 자기애에 문제가 있는 상태라 할 수 있다. "난 괜찮아" 하며 겉으로는 당당하고 독립적인 것처럼 보이지만 내면은 절대적인 보호자나 구원자를 갈구하기도 한다. 겉과 속이 일치하지 않는 삶에 점점 지쳐가며 우울과 섭식장애 등의 증상으로 드러날 때가 많다. 가짜 자기연민의 예를 하나 더 살펴보자.

'어쩌면 나는 되는 일이 이리도 없을까. 좋은 일은 나만 피해 가는 것 같아. 정말이지 난 너무 불쌍해. 나보다 별 볼 일 없던 친구도 잘만 사는데, 이렇게 기를 쓰고 사는 게 너무나 힘들어. 좀 더 나은 부모를 만났다면 내 인생이 달라졌을지도 몰라.'

이 경우는 자기비하와 피해의식뿐만 아니라, 자신만 되는 일이 하나도 없다며 부정성을 키우며 확대해석하는 '과잉일

반화overgeneralizing'라는 인지왜곡도 가진 상태다. 긍정적인 사건이나 기억은 필터링한 채 부정적인 특정 사건만을 부각하면서 자신의 경험 전반을 부정적이라고 일반화시켜 인식한다.

냉철하게 생각해보자. 우리가 불행이나 불운이라고 해석하는 안 좋은 일은 내게 복이나 덕이 없어서 그런 것이 아니며 누구 탓도 아니다. 대부분 나의 성격이나 기질, 두려움이 만들어낸 지나친 욕망, 현실을 인정하지 않고 '생각'을 붙들고 있는 집착, 내가 맺은 잘못된 인간관계의 패턴에서 오는 것이다. 매정하게 들리겠지만, 스스로 냉정하게 직면할 필요도 있다. 이런 직면이야말로 자기수용의 밑거름이다. 나의 부족함과 한계를 인정해야, 반복해서 실수하고 비극적인 드라마를 쓰는 나를 이해하고 위로할 수 있다. 치유와 성장, 변화는 자기직면으로 시작해 자기수용으로 나아간다.

우리가 가짜 자기연민에 빠지는 이유는 회피하기 때문이다. 나의 강점, 이미 이룬 것들, 나름 문제없이 굴러가고 있는 일상 등등, 자신과 삶의 좋은 면을 보지 않는 태도가 있다. 삶의 어두운 면을 외면하고 밝은 면만 보는 것도 회피이지만, 삶의 밝은 면은 보지 않고 어두운 면에만 집중하는 것도 회피이긴 마찬가지다. 밝은 면을 보지 않는다면 무의식에 '나는 행복해질 수 없어/행복하면 안 돼', '나는 성공하지 못할 거야/성공하면 안 돼', '나는 사랑받을 수 없어/사랑받으면 안 돼' 같은 거짓 신념이 자리 잡고 있을 가능성이 크다. 강렬했던 부정적인 경험 때문에 거짓 신념이 커지고, 그에 사로잡혀 자신의 강점이나 긍정적인 상황들을 보지 않고 인정하지 않는 것이다.

가짜 자기연민에 빠져드는 또 다른 이유는 변화에 대한 두려움 때문이다. 그래서 익숙한 고통의 상황에 머무르려 하거나, 무의식적으로 고통을 일으키는 상황을 불러들이기도 한다. 심리학에서는 이를 심리적 항상성homeostasis이라고 한다. 지그문트 프로이트는 반복 강박이라고 했고, 자크 라캉은 증상적 애도라고 했다. 심리적 항상성은 '항상 그래야만 하는 경향성'이다. 반복 강박이란 습관적인 행동이 고통이 되리란 걸 알면서도 멈추지 못하는 상태를 말한다. 증상적 애도란 정작 치유(애도)해야 할 것을 행동과 상황으로 자꾸 드러내는 걸 말한다. 모두 같은 말이다. 우리 인간이 얼마나 변화를 싫어하면 이러한 태도를 가리키는 명칭이 이리도 다양하다. 에고는 익숙한 고통이 낯선 변화보다 안전하다고 판단한다. 익숙한 것은 그것이 비록 고통일지라도 어떤 일이 펼쳐질지, 상대가 어떻게 나올지 예측 가능하기 때문이다.

그렇다면 진정한 자기연민이란 무엇일까? 연민이란 사랑에서 흘러나오는 친절함과 다정함이다. 몸이 아프거나 마음이 힘든 사람에게 가슴에서 우러나는 위로를 한다고 생각해보자.

"많이 힘들지? 내가 도울 일은 없을까? 기꺼이 함께할게. 일단 지금 당장 할 수 있는 일부터 생각해볼까? 지금은 견딜 수 없이 힘들어도 분명히 더 나아질 수 있을 거야."

이런 말을 듣는다면 어떨까? 혼자가 아니라고 느끼면서 조금이라도 기운을 차릴 수 있지 않을까? 자기 자신에게 이런 마음을 갖는 것이 바로 자기연민이다. 만족스럽지 못한 외부조건 탓을 하며 무턱대고 자신을 불쌍하게 여기는 건 진정한 자기연민이 아니다.

가짜 자기연민이 깊은 사람들의 공통점

자기 자신을 한없이 불쌍하다고만 여기는 가짜 자기연민을 품고 있는 사람들에게는 공통점이 있다. 자기 자신을 좋아하지 않는다는 점이다. 세계가 내적 현실의 반영이듯이, 자기 자신을 좋아하지 않는 마음이 고스란히 외부로 투사되어 타인과 바깥 상황에도 불만이 많아진다. 그러니 무언가에 만족하기가 힘들다. 대개 기대가 너무 크기 때문이다. 자기 자신에게나 주변 사람(환경)에게 바라는 것이 비현실적이거나 지나치게 이상적이거나 자기중심적이다. 계속해서 불평불만이 커지고, 날 선 경계심이 몸에 배 있다. 당연히 사람들을 대하는 태도도 공감적이거나 친절하지 못하고 뻣뻣하다. 혹은 속으로는 상대가 마음에 들지 않지만 욕먹기 싫어서 혹은 미움받을까 봐 친절한 태도를 연기하기도 한다. 그래서 본의 아니게 사람들에게 상처 입히기 쉽다. 상처받은 사람은 이들을 멀리하게 되고, 이들 역시 사람들이 자신을 싫어한다며 상처받는다. 그래서 자기 자신을 좋아하지 않는 사람들은 상처를 쉽게 받는다는 공통점도 있다. 자기 자신을 좋아하지 않는다는 특징이 결국 자신에게 상처로 돌아오는 것이다. 여기에서 나아가 자기를 좋아하지 않는 걸 넘어서 싫어하는 자기혐오로 이어지게 되면, 타인과 세상에 혐오스러운 것들이 많아진다는 점도 함께 이해하자. 혐오란 내 안에 있는 원초적이거나 본질적인 두려움이 타인에게로 치환된 극단적으로 부정적인 감정이다. 위에서 언급했듯이 자기 자신을 향한 관점은 외부 세계로 연장된다. 그러니 자기 자신을 어떻게 바라보고 어떻게 대하는지는 정말 중요하다.

"나를 좋아하는 게 힘들어요"라는 말을 자주 듣는다. 맞다. 느닷없이 "지금부터 나를 좋아하겠어"라고 다짐한다고 쉽게 되는 일이겠는가. 일단 이렇게 생각해보자. 나에게 필요한 것을 제일 먼저 아는 사람은 누구인가? 내가 겪고 있는 두려움과 불안을 가장 속 깊이 헤아릴 수 있는 사람은 누구인가? 밝은 표정 뒤에 내가 느끼는 외로움을 가장 잘 아는 사람은 누구인가? 겉으로 드러나는 당당함 뒤에 누군가가 나를 안전하고 평화로운 곳으로 데려가주길 기도하는 여린 내면이 있다는 걸 누가 아는가? 내가 받고 싶은 환대와 관심과 사랑을 하루 중 어느 때라도 바로 내줄 수 있는 사람은 누구인가? 세상에 단 한 사람, 유일한 나 자신이다. 이 점을 알아주는 것부터가 나를 좋아하는 태도가 된다.

자신을 어떤 태도로 대하는가

어느 날 일을 하려고 책상 앞에 앉았는데 창밖에서 어떤 꼬맹이의 서러운 울음소리가 들려왔다. 서너 살가량의 남자아이 같았다. 뭐가 그리 마음에 안 드는 일이 있는지 배 속에서부터 올라오는 짐승 같은 소리로 꺼이꺼이 울어댔다. 온 신경이 아이 쪽으로 옮겨갔다. 아이 옆에 있을 어떤 어른이 아이를 어떻게 상대할지 걱정되고 궁금했다. 아이를 돌본 적이 있는 사람이라면 아이가 영문 모를 떼를 쓰거나 숨넘어가게 우는 상황이 얼마나 곤혹스러운지 알 것이다. 이럴 때 대다수 어른은 "얘가 도대체 왜 이러는 거야?" 하면서 아이의 손목을 잡아끌며 걸음을 재촉하거나, "당장 뚝 그치지 못해!" 하면서 으름장을 놓기 십상이다.

어떤 일이 일어날지 신경 쓰는 와중에, 아이 엄마가 이렇게 말했다. "우리 아기가 뭐가 많이 불편한가 보네. 뭐가 불편할까? 엄마가 안아줄까?" 엄마의 목소리는 부드럽고 상냥했다. 몇 초쯤 지나니 온 동네가 떠나갈 듯 울어대던 아이가 울음을 뚝 그쳤다. 엄마 품이 세상 편했나 보다. 아이의 울음을 어떻게 그치게 만드느냐가 중요한 게 아니다. 우는 아이의 마음을 읽어줄 수 있는지, 어떤 태도로 표현하는지가 중요하다. 엄마는 연민 어린 마음으로 아이의 마음을 읽어주었고 친절하게 표현했다. 그 사랑을 받은 아이는 편안해졌다.

우리에게 필요한 것도 이런 공감과 다정함이다. 친하거나 사랑한다는 이유로 상대에게 너무 많은 것을 따져 묻지 않으며, 상대를 더 나은 인간으로 개조한답시고 고칠 점을 일일이 가르치지 않으며, 나의 신념대로 상대를 변화시키려 하지 않는 것. 이런 것이야말로 타인을 대하는 사랑의 태도다. 인간은 본능적으로 자율성의 욕구가 있어 쉽게 설득당하고 싶어 하지 않는다. 우리 자신을 대하는 태도도 마찬가지이다. 자신에게 지금까지의 내가 아닌 다른 무언가가 되라고 설득하지 마라. 나에게 채찍을 휘둘러가며 더 잘하라고 몰아세우거나, 삿대질을 해대며 이것밖에 못 하느냐고 비난하지 마라. 곧 내다 버릴 듯 너란 인간은 희망이 없다며 자신을 함부로 대하지 마라. 자기 자신에게 학대받은 내면은 병들고 만다.

따뜻한 시선, 위로의 손길, 다정한 목소리

자기연민이란 개념은 현대심리치료 분야에서 종종 쓰이는 말이지만, 그 개념을 실제로 사용하기 시작한 건 마음챙김이나 알아차림과 더불어 자애명상, 자비명상 같은 불교 수행에서였다. 연민은 불교에서의 자비慈悲에 해당한다. '자'는 사랑하는 마음으로 좋은 것을 주는 걸 뜻하고, '비'는 가엾게 여기는 마음으로 고통을 없애주는 걸 의미한다. 한마디로 말하면 사랑이다. 예수님의 가르침도 결국 사랑이지 않은가. 모든 신은 사랑으로 통한다. 신성의 발현인 우리가 가야 할 길 역시 사랑이다.

하버드 의대 임상심리학자 크리스토퍼 거머는 심리학과 불교명상을 접목해 자기연민 명상을 널리 알린 인물이다. 그는 우리에게 연민 혹은 사랑을 표현하는 좋은 방법 세 가지를 알려준다. 따뜻한 시선warm gaze, 위로의 손길soothing touch, 다정한 목소리warm kind tone가 그것이다. 이러한 연민의 표현을 타인뿐 아니라 자기 자신에게도 베풀어주자. 원하는 것을 갖지 못하고 이루지 못했다고 자신을 무턱대고 불쌍히 여기거나 엉망진창이라고 비하하지 말자. 대신 소중한 사람에게 하듯이 우리 자신을 따뜻하고 다정하게 대해주자. 힘든 거 다 안다고, 잘하고 있다고, 잘하지 못해도 괜찮다고.

누구나 자신이 불쌍하거나 가엽다고 생각해본 적이 있을 것이다. 그런데 그런 마음이 너무 자주 올라온다면 가짜 자기연민에 빠져 있을지도 모른다. 그냥 스스로 불쌍하다고만 생각했지, 진정으로 원하고 바라는 것이 무엇인지 모르거나, 그것들을 어떻게 표현하고 살았는지 돌아보지 못했거나, 반복적인 패턴에 왜 자꾸 빠져드는지 성찰하지 못했을 거다. 괜찮다. 배워본 적도 없고 본받을 만한 사람도 없었다. 지금부터

하면 된다.

거머와 자기연민 프로그램을 개발한 크리스틴 네프는 자기연민의 세 가지 중요한 태도를 가르쳐준다. 첫째는 친절한 태도로 자신을 이해하는 것, 둘째는 자신의 경험을 나에게만 일어난 독특한 사건이 아닌 인간의 보편적 경험으로 보는 것, 셋째는 고통에 지나치게 빠져들지 않고 균형 잡힌 시각을 유지하는 것이다. 우리는 때로 접속하고 싶지 않은 감정을 감추기 위해 날카로운 자기비판이라는 수단을 사용하기도 한다. 예를 들어 독립적이지 못하다고, 누구만큼 성공하지 못했다고, 자녀를 잘 키우지 못했다고 스스로 비난한다. 이렇게 자신을 비난하는 마음이 올라오는 것은 내면 깊숙한 곳에 자리잡은 죄책감, 열등감, 수치심 같은 감정들을 대면하지 않으려 하는 것일 수도 있다.

이러한 자기비판 내지 자기비하를 반복한다면 인지왜곡 상태에 있다는 뜻이기도 하다. 자신과 삶을, 심지어 타인을 통제할 수 있다는 생각에서 비롯되기 때문이다. '하면 된다', '노력하면 된다', '절실하면 된다', '최선을 다하면 할 수 있다', '더 매달리면 된다' 같은 한계에 관한 자기인식 없는 맹목적인 희망 회로를 돌리며 통제할 수 있다고 여긴다. 이것은 어릴 적부터 학습된 내용이거나, 스스로 편하자고 붙들고 있는 신념이거나, 미숙한 전능감이거나, 남에게 보이기 위한 이미지 관리일 경우가 많다. 혼동하지 말자. 통제할 수 없는 삶을 받아들인다는 건 능동적인 수동성이다. 맹목적으로 받아들이는 것과도 다르며, 무력함과도 다르다. 할 수 있는 것과 할 수 없는 것을 밝게 분별하는 것이다. 인생이라는 바다에 끊임없이 들이치는 고통이라는 파도를 삶의 일부로 받아들이는 것이다. 우리는 바다의 파도를 통제할 수 없다. 능동적인 수동성은 마음공간을 넓히는 일이다. 받아들이면 받아들일수록 마음은 넓어진다. 넓어진 마음자리에는 힘이 채워진다. 그러면 상처를 덜 주고받으며 살 수 있다(상처를 주지도, 받지도 않겠다는 망상은 버려야 한다).

습관적으로 고통에 빠져들지도 말자. 자신을 불쌍하고 불행하다고 여기는 태도를 알아차리자. 내면 깊숙한 곳에 자기비난과 자기비하가 뿌리박혀 있지 않은지 점검해보자. 자신의 인생을 살고 있으면서 마음에 들지 않는 어떤 부분 때문에 내 인생이 아닌 것처럼 무시하거나, 필요 이상으로 괴로워하고 있지는 않은가? 행여 그 고통을 즐기고 있지는 않은가? 자신도, 타인도, 삶 자체도 조금 떨어져서 바라봐야 더 잘 보인다. 응달 안에 들어가서 땅바닥만 보고 있지 말고, 세상은 그늘진 곳과 볕이 든 곳이 어우러져 있음을 보자.

글쓰기로 넘어가기 전에 가짜 자기연민이 깊을 때 생길 수 있는 부작용을 하나 더 짚어 보자. 그것은 바로 자기 자신을 불쌍하고 불행한 사람 취급을 하면 타인도 그런 관점으로 보게 된다는 점이다. 타인이 어떤 면에서 힘든 상황을 겪는 게 사실일지언정, 다른 면에서는 나름 삶의 기쁨을 누려가며 자기 인생을 살고 있다는 것을 인정하지 못한다. 타인을 향한 동정심이 지나치게 강하거나 자신이 구원해줘야 할 것 같은 생각이 일어난다면 그것은 가짜 자기연민을 타인에게 투사한 것이다. 그럴 땐 정작 자기 자신이 불행한 건 아닌지, 실은 내가 누군가에게 전적으로 의존하고 싶은 건 아닌지, 내 삶의 만족도가 어떠한지 살펴야 한다. 내가 뭐라고 타인을 가엾게만 볼 수 있다는 말인가. 이것은 오만이다. "너나 잘하세요"라는 말은 우리 자신에게 돌려줘야 할 때가 많다.

실전 치유글쓰기

자기연민을 실천하는 글쓰기

자기연민을 실천하는 글쓰기는 자기 자신과 새로운 관계를 맺기 위한 방법이다. 우리가 해야 할 일은 나의 긍정적인 측면을 인식하는 능력을 키우면서 건강한 자기애를 발휘하며 사는 거다. 당신 안에 있는 겁먹은 아이에게, 욕심 많은 아이에게, 사랑받고 싶은 아이에게 다 괜찮다고 말해주자. "네가 어떠한 모습이든지 내가 함께할 거야. 절대로 널 떠나지 않을 거야"라고 전하며 그 아이를 꼭 안아주자. 우리 내면의 아이들은 다정함으로 전하는 사랑을 기다리고 있다.

이번 글쓰기에서는 '그 시절의 나'에게 편지를 쓰고, '그때의 나'에게 답장도 받아볼 것이다. 보내는 사람과 받는 사람, 날짜 같은 편지 형식을 지켜서 쓴다. 특히 어린 시절의 내가 쓰는 편지는 왼손으로 (왼손잡이라면 오른손으로) 써보면 더 좋다. 왼손으로 쓰다 보면 기존의 기억에 우뇌의 기억력이 더해져 진짜 아이로 되돌아가는 듯한 신비로운 일이 벌어진다. 아이의 천진함과 천재성을 경험해보자. 그리고 나의 모든 면을 끌어안아 보자.

목록 쓰기(5개 이상)

유년기 경험에서

지금도 기억하고 있어. _____ 했던 나를.

예)

- 지금도 기억하고 있어. 엄마한테 혼이 나면 집 밖으로 나가 골목을 헤매며 혼자 울던 나를.

- 지금도 기억하고 있어. 아빠와 손잡고 삼청동 벚꽃 핀 언덕을 걸으며 배시시 웃던 나를.
- 지금도 기억하고 있어. 할머니네 다락에 올라가 사촌 동생의 분유를 맛있게도 훔쳐 먹던 나를.
- 지금도 기억하고 있어. 산꼭대기 단칸방에 살 때 식구들이 다 자는 새벽에 작은 밥상을 펴놓고 밤새워 공부하던 악바리였던 나를.

성인기 경험에서

지금도 기억하고 있어. _____했던 나를.

예)
- 지금도 기억하고 있어. 첫사랑이 떠난 날, 거짓말일 거라고 믿지 않던 나를.
- 지금도 기억하고 있어. 나만 바라보고 사는 엄마에게서 탈출하고 싶어서 너무 빨리 결혼해버린 나를.
- 지금도 기억하고 있어. 엄마보다 더 무서운 시엄마를 만나 속이 시커멓게 타들어 가던 나를.

편지 주고받기: 목록에서 한 장면을 골라 그 시절의 나에게 보내는 편지를 쓰고, 어린 내가 보내는 답장 받기

지금의 내가 그 시절의 나에게 보내는 편지

혼자 울고 있는 파랑에게   파랑

안녕, 파랑아. 요즘 너를 자주 떠올려보게 되네. 너도 느껴지니? 너를 참 많이 사랑하고 기억하는 사람이 있다는 것이? 지금 얼마나 외롭고 무섭고, 서러울지. 내가 그 마음 알아. 자주 엄마한테 혼났고, 자주 밖에 나와서 집에 들어가지 못했던 거. 오줌 싸서 소금 받아오라고 쫓겨나기도 하고, 놀다가 약속 시간 넘겨서 혼날까 봐 못 들어가기도 하고, 고집부린다고 또 혼나서 쫓겨나기도 하고. 갈 곳도 없는데, 밤은 깊어가는데. 서럽고 억울해서 눈물은 쉼 없이 흐르고, 그렇게 집 뒷골목

에 한참 있었지. 오빠가 데리러 와서 들어가기도 하고, 엄마가 잠든 후 들어가기도 하고, 얼마나 외로웠을지. 내가 그 마음 너무나 잘 알아. 이젠 절대 혼자 두지 않을게. 함께 있어 줄게. 마음 둘 곳, 돌아갈 곳, 그런 따뜻한 너의 보금자리가 내가 되어줄게. 넌 소중한 존재라는 걸. 기억해!

─마흔을 바라보는 너의 나

그 시절의 내가 지금의 나에게 보내는 답장

안녕하세요. 모르는 사람 같은데, 굉장히 친근하게 느껴지네요. 되게 신기해요. 어디선가 나를 보고 있나요? 그곳은 더 이상 외롭지 않아도 되는 곳인가요? 나는 잘 컸나요? 그 나이쯤 되면 되게 좋을 거 같은데, 완전 어른이잖아요. 나도 빨리 자라서 어른이 되고 싶어요! 통일은 됐나요? 제 별명이 통일소녀거든요. 오늘도 마음이 슬펐는데, 누군가 내 이야기를 들어준다니 혼자가 아닌 것 같아요. 고맙습니다!

─여자 어른이 된 나에게

파랑에게 별명이 왜 통일소녀였냐고 물었다. 그녀는 어릴 적
에 학교에서 나의 소원은 통일이라는 말을 자주 했기 때문이
라고 대답했다. 그러면서 그녀의 통찰이 이어졌다.

"아, 이제 알겠어요. 자주 싸우던 부모님이 제발 좀 그만
싸우고 사이좋게 지냈으면 좋겠다는 마음이 통일로 표현됐
나 봐요."

상처 입은 내면 아이에게 뭐든지 말하도록 허락해준다면
당신도 놀라운 사실을 발견하게 될 것이다.

알아차림 요약하기:
어릴 적 경험과 감정이 끼치고 있는 영향력 살펴보기

편지 쓰기를 마쳤다면 아래 빈칸을 채워 문장을 완성해보자.

그때의 나에게 해주고 싶은 한마디는 ＿＿＿＿＿이다.
그때의 내가 듣고 싶은 한마디는 ＿＿＿＿＿이다.

예)

그때의 나에게 해주고 싶은 한마디는 "네 잘못이 아니야"이다.

그때의 내가 듣고 싶은 한마디는 "이리 와, 엄마가 안아줄게"

이다.

자신이 완성한 문장을 살펴본 후 그때의 나에게 해주고 싶고, 그때의 내가 듣고 싶은 말이 내가 평생 듣기 싫었던 말이나 지금도 듣고 싶은 말들과 어떤 연관이 있는지 생각해보자. 그리고 온전히 사랑받길 원하며 상처 입은 그곳에서 여전히 누군가를 기다리고 있는 그 아이를 부드럽게 일으켜 세워주자. 이제는 여기 있지 않아도 된다고 말해주자. 너무 많이 아파하지 말고 스스로 수고했다고 토닥여주자. 지금부터 우리의 내면 아이가 건강하게 성장할 수 있도록 따뜻하게 보살피고 잘 키워내면 된다.

나를 인정하고, 인생을 긍정하는 법

우리는 우리 자신을 개선시킬 필요가 없다.

그저 우리의 가슴을 막고 있는 것에서

벗어나기만 하면 된다.

✧

잭 콘필드 *Jack Kornfield*

아들이 10대 후반쯤에 내게 물었다. 팔에 문신을 하고 싶은데 내 생각이 어떠냐는 것이다. 내 대답은 이랬다.

"네가 하고 싶으면 할 수 있지. 그런데 문신한 사람 중에 대다수가 나중에 후회하는 경우가 많다더라. 몸이 늙어서 문신한 북두칠성의 국자가 숟가락이 된다거나, 뱀이 지렁이가 된다던데?"

우리는 키득거렸고, 아들은 더 생각해봐야겠다고 했다. 내 말에 영향을 받은 건지 아닌지는 모르겠지만, 아들은 지금까지 문신을 하지 않았다. 그런데 나는 그때 그렇게 말한 것이 지금은 좀 후회가 된다. 하고 싶으면 하라고 아들을 존중하는 것처럼 말했지만, 속뜻은 '후회할 짓은 하지 마라'였기 때문이다. 이런 태도를 은폐된 권위라고 한다. 게다가 이 장에서 말하려는 바인 '후회해도 괜찮아'와 정확히 반대되는 신념이다. 지금 와서 보니 좀 더 성숙하지 못했던 게 아쉽지만 그래도 괜찮다. 그때의 내 의식 수준에서의 최선이었음을 받아들인다. 알고 그랬나 모르고 그랬지! 뻔뻔함을 발휘하는 중이다.

'그때 포기하지 않았다면'
'그때 사랑한다고 말했다면'
'그때 싫다고 거절했다면'
'그때 제대로 지랄했었다면'

이런 생각이 들 때 생기는 감정, 바로 후회다. 후회는 '했더라면', '하지 않았더라면' 하고 과거를 되씹는 사고과정 즉 반추rumination에서 나온다.

후회에 대해서 어떻게 생각하는가? 후회하지 않으려고 노력하며 사는가? 후회를 자주 하는 편인가? 후회가 들 때 자기 자신을 어떻게 대하는가? 이번 장에서는 자기수용을 교묘하게 방해하는 후회라는 감정에 관하여 어떤 관점으로 해석하고 어떻게 다루면 좋을지 생각해보자.

부정, 혼란, 처벌의 무한 반복

인생에서 가장 후회하는 영역이 무엇인지에 대한 조사 결과가 있다. 미국에서 한 조사이지만, 우리도 크게 다르지 않을 것 같아 소개한다. 후회 영역 순위는 다음과 같다. 교육, 경력, 연애, 자식 교육, 자아(자신에 관한 의사결정과 자기표현 등), 휴가, 경제, 가족, 건강, 친구의 순이다. 후회 영역의 1위, 2위가 교육과 경력인데, '더 많이 공부했더라면', '다른 일을 택했더라면' 같은 일을 평생 후회하는 것이다. 재미있는 점은 우리가 그렇게 중시하고 스트레스를 받는 돈과 인간관계는 순위

뒤쪽으로 밀려 있고, 심지어 그것들은 빠르면 몇 달, 늦어도 몇 년이면 신경 쓰지 않게 된다는 것이다. 우리는 어떠한가? 어디까지나 통계일 뿐이지만 자신을 이해하는 단서로 활용해볼 수 있을 것 같다.

우리가 뼈저리게 하는 후회에는 일관적인 구성 요소가 있다. 그 첫 번째가 부정denial이다. '그 일이 일어나지 않았더라면' 하는 마음이다. 영화 〈어바웃 타임About Time, 2013〉에서 주인공이 과거로 돌아가 동생의 사고를 막아보고자 하거나, 여자 친구에게 상처 줬던 일을 없던 일로 되돌리려고 하는 것처럼 문제 그 자체가 사라졌으면 하는 마음. 누구나 한 번쯤 해봤을 생각이다. 하지만 이렇게 부정하는 마음에는 그 문제를 이해하려는 자세가 빠져 있다.

두 번째 마음은 혼란스러움bewilderment이다. '내가 대체 왜 그랬지?', '도대체 무슨 생각으로 그랬던 거야?' 귀신에게 홀렸는지, 뇌가 잠시 정지됐었는지 어리둥절하고 혼란스럽다. 여기에도 왜 그럴 수밖에 없었는지 자신을 향한 공감은 없다. 후회의 구성 요소 세 번째는 처벌punishment이다. '나는 정말 이렇게 당해도 싸'라고 하면서 머리를 쥐어뜯는 것이다. '확실히 알아봤어야지', '그렇게 하지 말았어야 했어'라는 독백을 끊임없이 뱉어내면서 자신을 문밖에 세워둔다.

마지막으로 보속perserveration이다. 보속이란 같은 일에 강박적이고 지속해서 집중하는 것으로, 여기에서는 위의 세 가지 부정-혼란-처벌을 무한 반복한다는 뜻이다. 몇 년이 지나도 그 일이 떠오르면 우리는 자동인형처럼 똑같이 후회의 태엽을 감게 된다.

후회란 괴로운 감정이다. 그래서 우리는 후회할 상황을 원천 봉쇄하거나(물론 불가능하지만), 후회하는 자신을 다시 비난하려 한다. 점점 더 괴로워지는 것이다. 그렇다면 후회라는 감정을 어떻게 처리하면 좋을까? 후회하는 자신을 어떻게 대해야 할까?

비난받는 것이 두려운 사람들

후회란 한마디로 '내 탓'하는 마음이다. 여기서 말하는 내 탓이란 남 탓하지 않고 자신을 들여다보는 성찰적인 내 탓이 아닌, 순수한 자기비난을 뜻한다. '내가 그런 행동을 하다니, 정말 바보 같았어', '그렇게밖에 행동하지 못했다니…, 난 진짜 안 돼'와 같은 태도 말이다. 후회와 뗄 수 없는 감정인 자책감은 자신이 한심하고 어리석고 신중하지 못하다며 비난하는 마음이다. 정말 괴로운 일이다. 하지만 후회와 자책감을 붙들고서 앞으로도 계속 괴롭게 살고 싶은 게 아니라면, 그렇게 후회로 자책할 때 벌어지는 일을 면밀히 살펴봐야 한다. 자기비난을 끊어내기 위해서다. 발전을 도모하는 반성이나 의식 성장을 도와주는 자아성찰은 자기비난과 다르다. 자기비난은 순전히 자신을 향한 삿대질이며, 자신을 좋아하지 않는 마음에서 나온 것이다. 그래서 자기비난은 눈곱만큼도 도움이 안 된다.

자신은 그렇게 뻔뻔한 인간이 아니라는 것을 보여주기라도 하듯 자기비난을 붙들고 있지 마라. 그 누구도 아닌 바로 자기 자신에게 혹독하게 비난받는 내면의 아픔을 느껴보라. 그 내면의 신음을 들어보라. 내가 나에게 들이대는 손가락질과 날카로운 비판의 목소리는 스스로 영혼에 상처 입히는 행위다. 자기비난을 거두는 일이 양심적으로 찜찜한가? 사실 그 양심도 '난 그렇게 나쁜 인간이 아니야'라는 외침인 것을 아는가? 대신 '나는 나쁜 사람이 되기 싫었던 거구나', '욕먹을까 봐, 미움받을까 봐 두려웠던 거구나', '나는 진짜 잘하고 싶었는데, 그게 잘 안 돼서 상처를 입은 거였구나' 하고 나의 연약함을 알아주고 보듬어줄 일이다. 다른 사람에게 비난받는 것이 두려워, 지레 스스로 비난하고 있었음을 이해하고 자신을 위로할 일이다.

후회에 대응하는 방법

자기비난으로 자신의 영혼에 상처 입히고 있었음을 깨달았다면, 후회하고 자책해도 이미 벌어진 일은 바꿀 수 없다는 것을 받아들이자. 단순한 진리다. 하지만 결정적인 잘못을 저질러 인생이 꼬였다고 느끼거나, 타인에게 치명적인 상처를 입혔다는 생각이 들면 괴로움도 크기에 그만큼 후회와 자책을 끊어내기가 힘들다. 그래도 지난 일이라는 것은 변함없다. 이미 오랜 시간 동안 그 괴로움에 나를 가둬놓고 행복과 기쁨을 누리지 말라며 자신을 벌주었을지 모른다. 그동안 괴로웠던 것으로 죗값을 치렀다. 아니, 어쩌면 죄지은 바도 없을지 모른다. 이제는 괴로움을 놓아주자. 돌이킬 수 없는 일을 흘려보내는 건 이기적인 행동이 아니다. 지난 일을 후회하면서 자신을 미워했던 것을 용서하는 일이다.

정신적 고통과 육체적 고통은 모두 뇌의 같은 부분에서 인지된다. 몸이 아플 때 활성화되는 뇌의 영역과 마음이 고통스러울 때 활성화되는 뇌의 영역이 같다. 그러니 '외로움이 뼈에 사무친다', '옆구리가 시리다', '가슴이 아프다'라는 말은 얼마나 정확한가. 이제는 후회와 자책으로 아프지 마라. 이미 넘어져 버린 과거의 나를 문제 삼지 마라. 넘어진 것도 속상한데 왜 넘어졌냐고 타박하니, 실로 괴로웠던 건 억울하고 서운한 나 자신일 것이다. 넘어진 이에게 눈을 장식으로 달고 다니냐, 정신을 어디에다 두고 다니냐고 비난해봤자 달라지는 것도 없을뿐더러, 오히려 상처에 소금 뿌리는 격이다. 대신 조용히 손을 내밀어 일으켜주거나, 스스로 툭툭 털고 일어

날 때까지 기다려주면 된다. 두 방법 모두 혼자가 아니라는
걸 알려주는 거다. 괜찮냐고 물어주고 그가 얼마나 놀랐고 아
팠는지 털어놓는다면, 그의 얘기를 판단 없이 그저 들어주면
된다. 우리가 후회에 대응하는 방법도 똑같다. 자신에게 친
절하게 대하는 것이다. '더 열심히 해야 했어', '나한테 문제가
있었을 거야', '내가 욕심부려서 그런 일을 당했지' 하고 돌이
킬 수도 없는 일로 당신의 여린 영혼에게 훈수 두지 마라.

실패를 인정하면 자유로워진다

지난 일 그리고 과거의 나와 거리를 두고 객관적으로 바라보
자. 잘되지 못했던 그 일은 아마도 상황적으로 안 될 일, 기질
적으로 정말 맞지 않는 일, 타인의 생각과 행동을 바꾸려는
일, 내 능력 밖의 일이었을 가능성이 크다. 이런 일들은 애초
부터 내가 잘 해낼 수 있는 성질의 것이 아니다. 거절하지 못
해서, 인정받고 싶어서, 잘 몰랐기 때문에, 정말 잘하고 싶어

서 같은 마음이 있었을 것이다. 그 행위의 동기를 깊이 이해하고 '그랬구나. 그럴 수 있어. 그럴 수밖에 없었겠네' 하는 마음도 함께 내어주자. 또 어떤 면에서는 욕심을 부렸든, 자기중심적이었든, 무례하고 오만했든, 내가 잘못했고 실패했음을 깨끗이 혹은 냉철하게 인정할 필요도 있다. 이때는 특정한 그 일을 실패한 것이지 잘못 산 인생이라고 확대해석하면 안 된다는 점을 명심하자.

'이렇게 했다면 더 좋았을 텐데', '미리 알았다면 달랐을 거야' 따위의 생각은 우리가 불완전하며 실패할 수 있는 존재라는 것 자체를 부인하는 일이다. 실패를 인정하는 것이 더 괴로워 자책감을 붙들고 있는 건 아닌지 자문해볼 필요가 있다. 내면의 공허감, 중요한 뭔가가 빠지거나 잘못된 것 같은 느낌, 결코 채워지지 않는 충분하지 못한 느낌, 즉 이런 자아결핍감은 진정한 자신에게서 멀어질 때 경험하는 정서 상태이다. 자신에게 솔직할수록 자아결핍감도 서서히 사라진다.

가끔 생기는 성공과 성취의 순간만을 좇느라 삶의 대부분을 놓치는 우를 범하지 말자. 오점 없는 선택과 빈틈없는 행동을 하기 위해, 즉 되지도 않을 일에 애를 쓰니, 삶은 또 얼마나 무겁겠는가. 그 짐을 내려놓아도 괜찮다. 후회 없는 삶을 살기 위해 노력하기보다, 살다 보면 후회도 할 수 있음을 받아들이자. 그러면 행동도 훨씬 자유로워지고 제대로 된 힘을 발휘할 수 있다. 삶의 소소한 기쁨을 누릴 수 있고, 결과적으로도 후회가 덜 남는다. 인생은 실행 취소가 안 된다. 그냥 후회 좀 하는 거다. 내가 얼마나 바보 같았는지 반성하거나 비판하지도 마라. 우리가 할 일은 그동안 내가 얼마나 바보처럼 보이지 않기 위해, 능력 있고 좋은 사람이 되기 위해 애쓰고 살아왔는지를 알아주고 위로해주는 일이다. 최선을 다한 자신을 인정해주고, 당당하게 나의 인생을 긍정해보자.

불완전함을 사랑하라

우리의 선택은 늘 최선이었다. 과거를 곰곰이 되짚어보니 도저히 최선을 다했다고 말할 수 없다 해도 마찬가지다. 최선을 다할 수 없었던 거기까지가 바로 최선이었다. 지금에 와서 돌

아보니 최선을 다하지 못했다는 생각도 하는 것이다. 지금의
나니까 지난 일이 불만족스러운 것이지, 그 일을 경험하지 않
았던 내가 똑같은 상황을 다시 맞는다면 과연 다른 선택을 하
게 될까? 장담할 수 없다.

　이렇게 생각하자. 오히려 그 일을 이미 겪어봤기에 이제
는 다른 선택을 할 가능성이 더 커지게 된 거라고. 남는 장사
다. 과거의 나는 지금보다 더 여리고, 경험도 부족하고, 인적
자원도 더 적었다. 이런 것들은 부족함의 증거물이 아니라 불
완전함의 내용물일 뿐이다. 우리는 변화하는 존재이며, 변화
할지, 머물러 있을지 또한 선택할 수 있다. 여전히 아쉬움이
남는가. 그래도 괜찮다. 아쉬움 없는 삶이란 것도 가능하지
않으니, 아쉬운 대로 바람 드는 가슴을 끌어안고 살아가자.
아쉬움은 자기비난이나 자책과 다르다. 비난이나 자책은 머
리에서 일어나는 판단이고, 아쉬움은 가슴에서 일어나는 감
정이다. 그러니 이제 가슴으로 불완전함을 사랑하는 일만 남
았다. 내가 원하지 않았던 그 경험이 이미 내 삶에서 일어났
고, 이제는 지나갔음을 담담히 인정해보자. 후회의 덫에 갇혀
있었다면 알지 못했을 삶의 다양한 측면을 향유할 권리가 우

리에게는 있다.

　이번 글쓰기에서는 가시지 않는 후회와 자책의 장면들을 만나보려 한다. 왜 다시 끄집어내야 하냐고? 그러게 말이다. 정말 다시 들여다보기도 싫고, 생각만 해도 수치스럽거나 화가 나서 그냥 모른 척하고 싶은 일들이 누구에게나 있다. 그런데 당장 보기 싫어 묻어둔다고 해서 그 감정이 사라지는 게 아니라 더 커지니 문제다. 감추고 묻어둔 감정은 점점 거칠어져 어느 순간 더욱 사납게 달려들게 돼 있다. 그러니 잘 몰랐기 때문에, 어렸고 미숙했고, 능력도 부족했기 때문에 잘 풀리지 않았던 그 일로 더는 괴로워하지 않아도 된다. 그 모든 실수와 부족함이 더 나은 지금의 나를 만들었음을 인정하자. 일단 지금 할 일은, '내가 알고 그랬나? 모르고 그랬지!' 하고 좀 뻔뻔하게 굴어보는 거다. 내 인생이다. 내 인생 내가 괜찮다는데, 다른 게 더 필요할까?

실전 치유글쓰기

후회와 자책감을 놓아주는 글쓰기

살면서 후회되는 행동들을 떠올려보자. 마음에 들지 않는다
며 자신에게 너무 엄격한 잣대를 들이대진 않았는지 돌아보
기 위해서다. 그러고 나서 후회로 더해진 삶의 무게를 덜어내
기 위한 글쓰기를 할 것이다.

먼저 최근의 경험에서 목록을 만들어보자. 다음으로는 오
래전의 기억도 더듬어볼 것이다. 기억에 남아 있고 가슴에 맺
혀 있는 사건들은 모두 의미가 있다. 그 사건들은 당신의 잘
못이 아니라고 받아들여진 후에, 이제는 놓아지기를 기다리
고 있다. 지난 일이니까 그만 잊자는 단순한 의도가 아니다.

지금보다 무지하고 용기가 조금 부족했던 걸 인정하는 것이다. 물론 그것이 잘못이 아니라는 것도 알아야 한다. 돌아보면 어처구니가 없어서 웃음이 날 수도 있고, 후회를 넘어 용서가 안 되는 일이 있을지도 모른다. 떠오르는 대로 일단 다 꺼내 보자. 그러고 나서 혹시 자신을 용서하는 데 시간이 필요하다면 그리해주면 된다.

목록 쓰기: 자신에게 가하는 가혹한 판단 지켜보기

....

아래 빈칸을 채우며 문장을 완성해보자. 이번 빈칸 채우기의 핵심은 자신에게 가하는 판단이 얼마나 엄격하거나 가혹한지 알아보는 것이다. 내면의 비판자 즉 초자아의 목소리를 들어보고, 초자아와의 동일시를 벗기 위한 작업이다.

내가 미쳤지. _____하다니(행동). _____해(판단의 내용).

최근의 경험에서

- 내가 미쳤지. 메일 주소도 정확히 확인하지 않고 보내다니.
  멍청해.

- 내가 미쳤지. 할 일이 태산인데 드라마를 정주행하다니. 한
  심해.

- 내가 미쳤지. 잘하지도 못하는 일을 받아놓고 괴로워하다
  니. 바보 같아.

- 내가 미쳤지. 관심 있어서 그 밤에 문자 보내놓고 아무 일
  도 아니라고 얼버무리다니. 쪽팔려.

오래전 경험에서

- 내가 미쳤지. 발악하며 아이를 때리다니. 무식해.

- 내가 미쳤지. 부모님 이혼 후, 나쁜 어른들 말만 믿고 나 보
  고 싶다고 찾아온 아빠를 보자마자 냅다 도망쳐버리다니.
  멍청해.

- 내가 미쳤지. 나만 세상에서 제일 사연 많은 사람이라고 생
  각하면서 주위 사람들을 무시해버리다니. 이기적이야.

- 내가 미쳤지. 선생님에게 반항했다고 학교 사람들이 다들

나에게 뭐라고 할 때, 한 번 더 맞서지 않고 숨어버리다니.
나약했어.

목록 쓰기로 드러난 나를 향한 판단의 내용이 어떠한지
살펴보자. 위 예시에서는 '멍청해', '이기적이야', '나약해', '미
련해' 등의 내용으로 초자아의 매몰찬 목소리를 확인할 수 있
다. 이 목소리는 아마도 양육자나, 잘 보이고 싶은 사람이나,
내게 상처 입힌 사람의 목소리일 것이다. 이 목소리들이 내가
아님을 알고 동일시하지 않아야 한다. 하지만 내면의 비판자
도 나를 위해 존재한다는 점을 잊지 말자. 초자아와 탈동일시
하되, 초자아의 기능을 무시해선 안 된다는 뜻이다.

생각과 감정도 살펴보자. 자괴감이나 수치심이 들었는
가? 그런 감정들을 피하고 싶은 마음이 들었나? 이런 게 다
무슨 소용이야 하는 무력감이나 분노가 올라왔는가? 슬픔의
감정이 일렁였나? 혹시 글쓰기를 그만두고 싶지는 않았나?
이렇게 어둡고 무거운 감정이 드는 건 그만큼 자신에게 혹독
했기 때문이다.

이 모든 것들은 마음에서만 일어난 일이다. 자, 펜을 내려

놓고 심호흡을 깊게 두어 번 해보자. 주위를 가만히 둘러보면, 아무 일도 일어나지 않았다. 감정은 위험한 것이 아니다. 그냥 바라보기만 하면 된다. 지금 우리가 하고 있는 것은 자신을 이해하기 위한 노력이고, 영혼을 위로하는 의식이자, 무겁게 짓누르는 과거를 놓아주기 위한 살풀이임을 기억하자.

목록에 등장하는 내용 깊게 보기

목록 쓰기에 들어 있는 내용을 하나씩 살펴보자. 먼저 행동의 내용을 보자. 내가 싫어하는 그 행동들은 주로 어떤 것과 관련이 있는가. 아마 인간관계나 일의 범주에 속하는 경우가 많을 것이다. 그 외 도덕, 양심에 관한 것일 수도 있다. 반복되는 내용을 보면 주로 자신이 어떤 영역에서 에너지를 많이 쏟고 사는지 알 수 있다. 관계와 관련된 내용이 많은 사람은 아마도 갈등 없고, 상처를 주지 않고 바람직한 관계를 맺는, 좋은 사람이 되기 위해 많이 노력했을 것이다. 일(학업)과 관련된 것이 많다면 남보다 뛰어나고 능력 있는 사람이 되기 위해 애썼을 것이다. 당신의 열정과 상처는 같은 곳에 있다. 열정에 박수 쳐주고 상처에 치유의 입김을 불어주자.

15분 글쓰기: 자신의 목록에서 한 가지 주제를 골라 자유롭게 떠오르는 대로 글쓰기

〜〜〜〜〜〜〜〜

더 깊은 내면으로 들어가기 위한 글쓰기 팁

- 장면을 구체적으로 묘사하기
- 거친 말이든 욕이든, 감정이 이끄는 대로 따라가기
- 어떤 문장을 쓸 때 강렬한 감정이 올라온다면, 더 깊이 써 내려가기

동의 구함

민영영

그러니까 딱 중학생티를 다 벗어내지도 못하고 고등학교에 입학했을 때 이야기다. 막 고등학교에 진학한 난 1학년 12반 학생이었고, 담임 선생님은 빨간색 테의 안경을 쓰고 짧게 파마머리를 한 수학 선생님이었다. 신입생 적응 기간이 끝난 월요일 아침 자습 시간, 선생님은 우리에게 가정통신문을 나눠주었다. 야간자율학습 동의서였다. 선생님은 다들 '동의함'에 동그라미를 쳐서 지금 제출하라고 하셨다. 나는 '동의하지 않음'에 동그라미를 쳤다. 가정통신문을 모두 확인한 선생님은 내 이름을 크게 불렀다. "민영영 다시 제출해." 나는 선생님에게 말했다.

"선생님 저는 야간자율학습을 희망하지 않습니다. 왜 꼭 동의해야 하나요?"

그때부터 시작되었다. 담임 포함 다른 선생님들은 수업

에서 제외하듯 나를 복도로 내쫓았고, 강제 전학이라
는 협박을 앞세워 나를 괴롭혔다. 나는 잘못한 것 없이
매일 청소하는 벌을 받아야 했다. 선생님들이 피우고
버린 담배꽁초를 주워 버리는 일까지 말이다. 나를 향
한 따가운 시선과 말들은 아프고 무서웠고, 화가 났다.
"공부 안 할 거면 학교는 왜 다니니?", "똑바로 해라!"
등등. 점점 늪 같은 상황에 빠진 나는 가족과 친구들과
도 멀어져 갔다.

너무 억울했다. 젠장, 내가 뭘 잘못했는데! 근데 더 억
울하고 후회되는 건 내 모습이었다. 학교 화장실에서
숨어 울면서도 나쁜 어른들한테 말 한마디 더 못 해보
고, 울분에 찬 마음은 거친 욕과 예민한 행동들로 바뀌
어 엄마와 친구들을 괴롭혔다.

그때 그냥 선생님에게 웃으면서 "선생님 저 학원 다녀
서 야간자율학습 못 할 것 같아요."라고 하얀 거짓말이
라도 해야 했나. 그렇다면 내 행동에 아무도 다치지 않
았을까?

알아차림 요약하기: 후회와 자책 내려놓기

15분 글쓰기를 마쳤다면, 아래 제시문의 빈칸을 채워 문장을 완성해보자. 자기만의 언어로 비슷하게 제시문의 문장을 바꿔도 좋다. 마음에 걸리는 부분을 모두 적어보라. 그러고 나서 그 감정을 애써 극복하거나 떠나보내려 하지 말고, 그저 느껴보자. 가슴 깊이 느끼기만 해도 그 감정들은 점점 약해질 것이다.

나는 _____한 것이 후회된다(아쉽다/화가 난다/억울하다).

하지만 그건 _____했기 때문이었다.

이제 나는 _____을 놓아준다.

예)

나는 그때 선생님에게 유연하게 말하지 못한 게 후회된다.

하지만 그건 그때의 내가 솔직하고 정직하게 내 마음을 표현했기 때문이다.

이제 나는 나를 인정하고, 그런 나를 받아주지 못했던 학교 사회를 놓아주고, 나의 두려움을 놓아준다.

고통에 매몰되지 않기 위해서

나를 죽이지 않는 것은

나를 더욱 강하게 만든다.

✧

프리드리히 니체*Friedrich Nietzsche*

고통만으로도 힘들어 죽겠는데 거기서 뭘 배우고 성장하라고 하면 듣기만 해도 가슴이 답답해질지 모르겠다. 나도 그랬다. 아파 죽겠을 때는 몸과 마음이 닫혀버린다. 내 옆을 지키고 있던 사람도 보이지 않고, 내게 건네는 위로나 격려의 말도 들리지 않는다. 세상의 모든 맛있는 음식들이 사라지고, 찬란한 햇빛도 날 저주하는 것처럼 느껴진다. 고통이란 그런 것이다. 스스로 고립시킨다. 내 인생에 기쁨과 만족과 감사함 따위는 하나도 없는 것처럼 착각하게 만드는 것이 바로 고통이다.

고통이란 아픈지도 모르게 나를 아프게 하며, 내가 왜 그렇게 행동했는지도 모르게 나를 이끈다. 고통은 진짜 이유가 아닌 엄한 구실로 사람을 미워하게 하며, 세상과 먼 나만의 동굴로 끌어당긴다. 하지만 결국 그 동굴에서 내가 몰랐던 나를 만나면서 당혹과 부정을 거쳐 성숙과 변화로 안내한다. 또한 고통은 결국 다시 세상과 사람, 나의 삶을 향해 걷게 만들 것이다.

고통은 나를 이해하는 데 꽤 쓸모가 있다

고통은 통증과 괴로움을 아우른다. 몸의 아픔을 통증이라 하고 마음의 아픔을 괴로움이라 한다. 통증은 특정한 치료나 약물, 시간이 해결해주지만, 괴로움은 마음에서 비롯된 것이기에 마음을 바꾸거나 치유하지 않으면 없어지지 않는다. 10여 년간 엄마의 병구완을 하면서 병실에서 사람들이 하는 비슷한 말들을 수없이 들었다. "내가 무슨 죄를 지었기에", "왜 하필 나야", "그 인간 때문이야" 등등. 이것이 괴로움이다. 여기서 몸의 병은 일차적 고통이고, 마음에서 생긴 괴로움은 이차적 고통이다. 우리가 주목하는 것은 바로 이차적 고통인 괴로움이다. 영화 〈미 비포 유Me Before You, 2016〉는 이 점을 잘 보여준다. 주인공 윌은 능력과 외모, 집안 등 모자랄 게 하나 없어 보이는 촉망받는 젊은 사업가다. 불행히도 그는 비 오던 날 교통사고로 전신마비가 된다. 몇 년 후, 우스꽝스러운 옷을 입고 다니며 썰렁한 농담을 하는 루이자를 임시 간병인으로 만난다. 6개월의 임시간병 기간 동안 둘은 사랑에 빠진다. 그 시간은 윌이 스위스 기관에 존엄사를 신청해놓고 부모님을 설득하는 기간이기도 했다. 사랑이 찾아왔기에 루이자도 윌의 부모도, 윌이 결심을 바꿀 줄 알았다. 하지만 윌은 그럴 수 없었다.

"이렇게 사는 것도 괜찮을 수 있겠죠. 하지만 내 인생은 아니에요. 난 (사고 전의) 내 인생을 사랑했어요."

윌은 몸의 통증보다, '이렇게 사는 것'이 사랑하는 사람들을 두고 떠나야 할 만큼 생을 짓누르는 괴로움이었다.

고통은 체험해야 이해할 수 있다. 체험은 오로지 지금 이 순간에만 가능하기 때문에 그 자체로 고유하며 신비한 것이다. 고통에는 이유가 없다. 형벌도 아니고 시험도 아니다. 그러니 어떤 인간에게든 아니 신에게라도 이유를 따져 묻거나 찾을 필요가 없다. 고통에는 다만 목적이 있을 뿐이다. 고통은 피할수록 대상과 증상을 바꿔가며 어떻게든 목적을 드러낸다. 그 목적이란 우리 각자가 수행해야 할 생의 과업이거나, 참나를 회복하라는 요구이거나, 사랑해야 할 것이 무엇인지 알려주는 신호이다.

괴로울 땐 당장 회피하는 게 낫겠다 싶지만, 진짜 봐야 할 고통은 직면하는 게 장기적으로 이득이다. 회피하고 있거나 너무 고통스러울 때는 아예 고통을 인식 못 하기도 한다. 때로는 고통이 아닌 것을 고통이라고 착각하기도 한다. 내가 그랬다. 30대 초반 나는 별안간 알레르기 체질이 되었고, 천식인가 싶을 정도로 기침과 가쁜 호흡으로 힘들었다. 자다가도 위가 쓰리고 아파서 깰 정도였다. 알레르기 검사를 해봤더니 10개가 넘는 원인이 나왔다. 몸의 민감도가 높아진 것이다. 폐 질환 검사와 위내시경 검사 결과는 모두 정상이었다. 그런데도 그렇게 죽을 만큼 아팠던 건 스트레스 때문이었을 것이다. 그때 나는 별거 중이었고, 나혜석처럼 당당한 이혼녀가 되고 싶었다. 그래서 아이를 두고 집을 나온 죄책감을 등 뒤에 숨겨놓고 모른 척했다. 하지만 팽개쳐둔 감정은 마음 구석에 그대로 처박혀 있지 않았다. 의식 위로 올라와 나를 두들겨 팼다. 나쁜 사람이 되기 싫었고, 죄인이 되고 싶지 않아 괴로웠다. 동시에 나는 이런 마음을 계속 내다 버리고 싶었다. 그랬더니 몸이 미치도록 예민해지면서 아프기 시작한 것 같다. 그 몸의 소리가 '지금 네가 돌봐야 하는 것은 바로 마음이야'라고 알려주었다. 마음이 잘 흐르지 못하고 있었기에 몸이 덜커덩거리면서 신호를 보낸 것이다.

특히 나는 죄책감으로 힘들었다. 그 죄책감이란 것이 잘못된 행위를 자책하는 마음 같지만, 실은 나쁜 사람이고 싶지 않은 몸부림 같은 것이라는 걸 나중에 알게 되었다. 내가 진짜 나쁜 엄마일까 봐, 진짜 이기적인 인간일까 봐, 아이가 나를 원망하며 내 탓이라고 할까 봐 두려워서 내 안으로 숨어 들어가 뒤집어씌운 감정이 죄책감이었던 것이다. 상담을 받고 마음공부를 하며 몸과 마음을 챙겨보니 나는 자식을 두고 집 나온 나쁜 사람이 맞고, 자식에게 죄를 지은 것도 맞다는 사실을 받아들일 수 있었다. 자학적인 수용과는 달랐다. 감정의 본질과 인간의 불완전함을 조금 이해한 것뿐이다. 나는 내가 원하는 만큼 그리 잘나지도, 사람들이 바라는 만큼 착하지도 않다. 불완전함을 끌어안는 일은 지금도 여전히 어렵다. 그래도 나는 '인간답게' 살길 원하기 때문에 가진 것과 원하는 것 사이의 충돌을 이해하기 위해, 마음이 괴롭지 않기 위해, 배우고 변화해간다.

불교에서는 고통은 곧 열반이며, 고통이 없으면 깨달음도 없다고 하였다. 고통에 대한 자각과 알아차림을 강조하기 위함일 것이다. 즉, 우리가 겪는 고통은 고통 그 자체가 아니라 고통을 부인하고 회피하는 데서 생겨난다는 걸 일깨운다. 그럼에도 불구하고 우리는 고통을 좋아하지 않고, 더욱이 고통을 찬미하지도 않으며, 되도록 고통이 없기를 바란다.

고통은 나 자신을 이해하는 데 꽤 쓸모가 있다. 얼마 전에 이런 우스개를 보았다. "세상에 돈이 전부는 아니지만 그만한 게 없다." 고통의 쓸모를 이 정도로 이해해도 좋겠다. 나를 알고 나를 사랑하는 길에 고통과 마주하는 것이 전부는 아니지만, 그만한 게 없다.

저항할 것인가, 연대할 것인가

고통에 저항한다는 것은 고통 자체를 부인하거나 고통이 나만은 피해 갔으면 하는 마음, 이미 온 고통이라면 어서 빨리 사라지기만을 바라는 심정이다. 고통과 연대한다는 것은 고통을 끌어안고 가슴 깊이 슬퍼하면서도 고통이 나에게서 드러내려는 목적을 찾아내고 실천하는 태도이다. 예를 들어, 친구와 싸워 분노와 미움으로 괴로운 상황을 상상해보자. 고통에 저항하는 것은 친구와 말 안 하기, 다른 친구에게 욕하기, 술 마시고 전화해서 화내기, 절교하기, 다른 친구에게 달라붙기 따위일 것이다. 고통과 연대하는 것은 화나고 미운 마음을 들여다보면서 그 감정의 뿌리가 어디인지, 친구의 어떤 말과 태도가 나의 무슨 취약함을 건드렸는지, 나와 친구의 두려움

은 무엇이었을지 곰곰이 생각해보는 것이다. 그러면 내면의
욕구와 두려움이 보이면서 분노와 미움은 자연스럽게 사라
진다. 거칠고 성난 마음도 잠잠해지고 정신이 맑아진다.

　하지만 극한의 고통 가운데 있다면 수행자가 아닌 우리가
고통을 끌어안기란 쉽지 않다. 평소 마음공부를 꽤 했다고 해
도 막상 몸이 크게 안 좋거나 충격적인 사건을 겪을 때면 알
아차림 능력이나 평상심 같은 건 한순간에 무너진다. 미숙한
게 아니라 인간적인 것이다. 고통을 사유할 수 있으려면 극도
의 고통이 어느 정도 지나가야 한다. 그러니 조금 살만해졌을
때 뒤돌아보자. 모든 경험에 반드시 의미가 있어야만 하는 건
아니지만, 고통에 의미를 부여하는 일은 대개 자신과 삶을 수
용하는 데 도움이 된다. '고통이 나를 죽음의 문턱까지 데리
고 갔었어'에서 끝내지는 말자는 것이다. '그 문턱 앞에서 나
는 내 삶을 통제하지 못할 때 엄청난 분노를 느낀다는 것을
알았어. 그리고 두려움이 분노를 일으킨다는 걸 이해하게 됐
어.' 여기까지 가보자는 것이다.

　죽음의 문턱까지 다녀온 사람은 삶의 이면과 인간의 내
적 그림자를 이해하게 된다. 자기수용은 우리가 경험하긴 했

지만 언어화하지 못했던 삶의 이면과 존재의 그림자를 하나하나 의식하는 과정이다. 어두운 터널을 빠져나온 나의 힘을 확인해보는 것이다. 고통은 반드시 우리 앞에 다시 등장한다. 그때는 조금 더 성숙한 의식으로 고통과 연대할 수 있도록 연습할 필요가 있다.

고통은 에고보다 힘이 세다. 우리의 정체성을 흔들기도 하며 완전히 다른 정체성으로 바꿔놓기도 한다. 정체성이 변하면 세상이 달리 보이며, 세상을 보는 관점에 따라 인간관계 역시 달라진다. 인간관계가 달라지면 당연히 삶 자체가 변화한다. 그만큼 우리가 어떤 정체성을 갖고 사느냐는 중요한 문제다. 그러므로 고통을 끌어안아야 할 대상으로 이해하고 고통의 목적을 의식화하는 일은, 스스로 긍정적인 정체성을 부여하는 데도 도움이 된다. 고통받는 희생자, 학대받은 피해자, 사랑받지 못한 천덕꾸러기 등 부정적인 정체성에 머물러 있지 말자. 고통을 통과한 당신은 승자이며, 학대에서 살아남은 생존자이며, 결핍이 키워낸 성취자이다. 고통투성이인 인생에 덧없이 놀아난 게 아니라, 나의 인생을 당당히 살아냈음을 인정하자. 남이 어떻게 보든, 뭐라 하든 말든, 나만은 나 자신을 괜찮게 보며, 내 인생을 긍정하자. 왜냐고 묻는다면, 나는 다시 이렇게 묻고 싶다. 그렇게 하지 않아서 좋은 점은 무엇인가? 자신과 삶을 수용하지 않고 부정적인 정체성에 머물렀을 때 얻는 것은 과연 무엇인가? 나 자신과 주변 사람들에게 어떤 도움을 줄 수 있는가?

무조건 수용하자는 게 아니다. 맹목적인 수용은 오히려 의식 성장을 저해하며, 자기성찰 없는 낙관은 회피의 다른 이름일 뿐이다. 우리가 해야 할 수용이란 내면을 면밀하게 들여다보는 성찰의 과정을 거친 후에 저절로 깨달아지는 긍정이다. 그러기 위해서 이번 글쓰기에서는 지나간 고통을 불러올 것이다. 그 고통을 가만히 바라본 뒤 내게 준 선물을 열어보자.

괴로움에서 진정한 나를 발견하는 일

철학적, 심리학적인 고통 탐구의 진수는 불교에서 찾아볼 수 있다. 붓다의 깨달음 자체가 바로 고통의 사유에서 시작되었다. 살아간다는 것은 고苦이고, 이것에서 어떻게 벗어나는가를 설명한 철학이 불교이다. 그래서 붓다가 깨달음을 이루고 처음으로 설법한 것도 고통의 생성과 소멸을 다룬 사성제四聖諦이다. 사성제 중에 첫 번째 고성제苦聖諦에서는 여덟 가지 고통(八苦)을 설명한다. 태어남, 늙음, 병듦, 죽음(生老病死)의 4고에, 이후 네 가지 괴로움이 더해진다. 사랑하는 사람과 헤어지는 괴로움(愛別離苦), 미워하는 사람과 만나는 괴로움(怨憎會苦), 구하는 것을 얻지 못하는 괴로움(求不得苦), 오온伍蘊의 집착에서 생기는 괴로움(伍取蘊苦)이다. 여기서도 우리가 통제할 수 없는 생로병사를 제외하면 고통은 모두 마음에서 비롯된 것임을 알 수 있다.

괴로움의 뿌리에는 모두 '나'가 있다. 나를 무시해서, 나를 사랑해주지 않아서, 나를 버리고 떠나서, 나를 이해해주지 못해서, 나를 인정해주지 않아서, 나를 중요하고 특별한 존재로 대접해주지 않아서 괴롭다. 다시 말하면 나를 드러내고 내세우려는 마음이 좌절되었기 때문에 괴롭다. 그래서 미움, 분노, 질투, 슬픔, 상실감 등 온갖 감정의 소용돌이에 휘말리게 된다. 문제는 그 '나'를 만족시키기 위해 타인에게 과도하게 의존할 때 더 큰 괴로움이 생겨난다는 것이다. 밖만 볼 게 아니라 안과 밖을 모두 살펴야 한다. 그중에서도 안을 보는 일이 우선이다. 나는 '나'를 어떻게 보고 있고, 어떻게 대하며, 왜 그렇게 대할까.

자신에 대한 '어떻게'와 '왜'의 탐구는 괴로움에서 진정한 '나'를 발견하는 일이다. 고통이 내 앞에서 얼쩡거릴 때 '봐야 할 내가 있구나', '고통이 나에게 전하고 싶은 게 있구나'라고 접근해보자. 다른 사람과 우열을 비교하고 있지는 않은지, 나는 수많은 인연과 의존하고 사는 존재가 아니라 독립된 존재라고 착각하고 있지는 않은지, 자기중심적인 사랑을 하고 있지는 않은지, 내가 없어질까 봐 두려워 사랑하기를 포기하지는 않는지, 변화가 두려워 익숙한 고통에 머무르려 하진 않는지, 내 신념만을 중시하며 남들을 통제하려 하진 않는지 등, 나의 두려움과 무지를 자각하는 훈련이 필요하다. 이 훈련의 가장 좋은 안내자가 바로 고통이다.

고통을 목격한 사람들

고통을 목격하는 것도 고통이다. 나의 어머니는 10년 가까이 난소암 투병을 하다 돌아가셨다. 나는 주간병인으로서 엄마의 반복되는 재발과 전이로 절망의 롤러코스터를 같이 타곤 했다. 80여 차례의 항암치료를 받으며 살자고 하는 짓인지 죽자고 덤비는 것인지 모르게 성했던 몸도 망가져 가고, 멀쩡하던 장기들도 하나씩 기능이 쇠하고 멈추는 걸 보았다. 사람이 순식간에 풍선처럼 부풀어 올랐다가 며칠 만에 가죽이 드러나도록 마르는 것도 보았다. 엄마는 이를 하도 악물어서 입술에서 피가 터져 나왔다. 기저귀를 찬 어머니를 보는 일도, 인간의 존엄과 품위를 지킬 수 있는 마지노선은 어디까지인지 고민하는 것도 괴로웠다. 숨의 간격이 점점 멀어지고 임종의 순간이 오고야 말았다. 엄마가 눈을 감던 마지막 순간, 이후 죽은 사람을 '처리'하는 물질적인 과정과 사랑하는 사람과 이별하는 정신적인 과정을 중구난방 넘나들어야 하는 장례의 시간까지. 괴로웠다. 내가 할 수 있는 게 없어서? 아니다.

순수하게 그 고통을 목격하는 게 힘들었다. 그 당시에는 몰랐다. 병구완하는 게 힘들고, 도대체 어찌해야 할지 몰라서 힘든 줄 알았다. 엄마를 보내고 나서야 알았다. 10여 년 동안 병들고 괴로워하고 죽어가는 엄마를 보는 것, 함께 있는 것 자체가 고통이었다는 것을. 그제야 나 자신에게 수고했다고 말할 수 있었다. 그 전엔 엄마에게 못 해준 것, 서운하게 한 것, 이제는 그만 놓고 편히 가시라고 기도한 것에 죄책감이 있었다.

가까운 사람이 몸의 질병, 우울증이나 중독 같은 정서 및 행동장애, 의사소통이 힘든 발달장애, 자기애성 인격장애 등이 있는 경우 가족이나 보호자는 정말 힘들다. 장애가 있는 본인보다 보호자가 더 고통스러운 경우도 많다. 특히 이들 간병인이나 보호자의 문제는 아무것도 아니라고 취급당하거나, 결국 본인 스스로 그렇게 여기기도 한다. 그러면서 분노와 적개심, 슬픔과 좌절, 죄책감과 끊임없이 싸워야 한다. 가장 아픈 사람은 현재 온몸으로 고통을 겪고 있는 당사자가 맞다. 하지만 그 옆에서 고통의 수발을 드는 사람도 아프다는 것을 잊지 말자. 우리 모두 알다시피 부모가 병들어 있다면 자녀도 고통을 받고, 장애가 있는 형제가 있다면 비장애 형제도 상처가 깊다. 집안에 중독자나 자살자가 있다면 나머지 가족들도 중대한 심리적 문제를 겪게 된다. 우리는 서로 연결되어 있기 때문이다.

고통이란 게 그러하듯이, 고통의 목격자가 얻게 되는 배움도 있다. 해당 질병이나 장애에 전문가가 되고(물론 전문가가 되려 한 건 아니지만 결과적으로 그렇게 되었으니 받아들여 보자), 그러면서 그것과 함께 사는 법을 익히게 된다. 무엇보다 고통 곁에 있으면서 비로소 진짜 자기 자신을 발견하게 한다. 비겁한 도망자에서 위대한 영웅까지 인간 존재의 대극성을 간접 경험할 수 있는 절호의 기회이기도 하다. 자아초월 심리학자인 켄 윌버는 결혼하자마자 암에 걸린 아내의 곁을 지키면서 겪은 고통과 깨달은 내용을 《세상에서 가장 아름다운 용기》에서 밝히고 있다. 자신은 간호하는 사람으로서 '빠른 시일 안에 고통스럽게 죽을 것이라는 가능성과 친해지는 것, 있는 그대로의 자신과 친해지는 것, 있는 그대로의 삶과 친해지는 법을 배웠다'라고 말한다. 돌아보니 나도 그랬던 것 같다. 타인의 고통과 죽음을 지켜보며 나에게도 열려 있는 그 문을 향해 의연함, 내려놓음, 받아들임, 참여, 덜 심각함, 열림, 유머,

감사의 능력이 높아졌음을 느낀다.

가장 큰 고통은 말할 수 없는 고통이다

극단적인 고통을 겪는 사람들은 말을 잃어버린다. 아니, 마치 빼앗긴 것 같다. 아무도 그를 세계 밖으로 내몰지 않았음에도 그는 마치 세계로부터 추방당한 것처럼, 자신의 생에서 쫓겨난 사람처럼 돼버린다. 그래서 극단적인 고통 한가운데에 있는 그들은 언어를 상실하는 그 경험 때문에 자기 자신을 통제하지 못하는 또 다른 고통을 안게 된다.

"가장 큰 고통은 남에게 말할 수 없는 고통이다." 탈무드에 나오는 말이다. 이 말을 뒤집어보자. 남에게 말할 수 있다면 가장 큰 고통은 아니라는 것이다. 그것만으로도 고통의 무게는 줄어든다. 하지만 막상 우리는 이해받지 못하고 세상에서 쫓겨난 사람인 것 같은 느낌을 받게 될까 봐, 사람들에게 불쌍한 사람으로 취급받게 될까 봐, 자신의 고통이 가십이나 안줏거리가 될까 봐 두렵다. 끔찍했던 고통의 경험은 입 밖으로 잘 나오지 않는다. 그 에너지가 너무도 무겁고 어두워서, 그 위험천만함을 우리는 무의식적으로 잘 알고 있기 때문에 쉽게 꺼낼 수가 없다. 또는 그 경험이 너무 수치스러워서 말하지 못하는 경우도 많다. 자신이 열등하다고 생각하는 것이나 결함이라고 여기는 것을 드러내는 일 역시 위험하다고 생각할 수 있기 때문이다. 비난을 받고, 관계가 단절되고, 또다시 버림받고, 가진 것을 잃게 되지 않을까 두렵다. 그러니 그 아픔을 좀 꺼내놓으라고 강요할 수 없다. 아니, 그러면 안 된다. 다만 곁에 있어줄 뿐이다. 그러다 우리가 고통에서 조금 비켜설 수 있게 됐다면, 혹은 자신을 위해 용기를 내겠다면 조금 더듬거리더라도, 내가 무슨 말을 하는지 잘 모르겠어도, 그저 목소리를 내보자. 반드시 누군가에게 말하지 않아도 괜찮다. 글로 써보는 것도 비슷한 효과가 있다.

우리는 예전 그 고통을 당할 때의 우리가 아니다. 그때는 더 어렸고, 미숙했고, 잘 몰랐고, 주변에 나를 도와줄 사람도 적었다. 나는 별로 변한 것 같지 않지만 어제의 나와 오늘의 나는 분명히 다른 존재이다. 우리는 끊임없이 변화하는 존재이며, 분명히 성숙해졌다. 자신과 안전한 타인을 믿고 고통을 꺼내 보자. 고통과 시련을 통해 무엇을 배웠는지 확인하고, 그것이 삶의 기술을 터득하는 데 기여했음을 받아들이자. 고통을 통과한 자신에게 자긍심을 갖고 박수를 보내자. 비참했던 기억을 털어놓았는데 혹시 기대했던 만큼 위로와 애정의 표현을 받지 못했다고 해서 슬퍼하지 마라. 나만의 동굴로 철수해서도 안 된다. 그 고통을 통과해 살아남은 우리 자신이 있다. 나 자신을 믿어야 한다.

실전 치유글쓰기

시련을 연료로 쓰는 글쓰기

인생에서 힘들었던 시기를 떠올려보자. 생각하면 여전히 가슴에 통증이 느껴지거나 사는 내내 걸리는 장면이 있다면 바로 그것이다. 힘들었던 일을 쓸 때는 특정한 장면을 떠올려 최대한 구체적으로 쓰는 게 좋다. 글을 쓰다 보면 그때 감정을 재경험하면서 분노, 수치심, 죄책감 같은 감정이 다시 올라오곤 한다. 그렇게 되살아나는 감정들을 알아차리며 다 괜찮다고 따뜻하게 수용해주자. 그럴 만했다고 위로하자. 다시 말하지만 고통을 마주하는 이유는 아픈 시간을 건너온 자신과 경험 자체를 애도하기 위해서다. 그리고 현실의 삶에 책임과 성의를 다하며, 자신과 타인, 삶을 사랑하기를 멈추지 않기 위해서다.

심장이 빨리 뛴다거나 머리가 지끈거리는 등 몸의 감각이 거칠어질 수도 있다. 아픈 장면을 글로 쓸 때 생길 수 있는 자연스러운 증상이다. 그러면서 정화가 되는 것이니 포기하지 말고 끝까지 써보길 바란다. 언어로 꺼내진 만큼 고통의 무게도 줄어든다. 하지만 부정적인 감정에 너무 압도당하는 것 같으면 글쓰기를 멈추고 기분 전환 후에 다시 써라. 아래 주제 목록에서 마음에 드는 항목을 고른 후, 15분 글쓰기를 한다.

주제 고르기: 내 마음에 들어오는 질문은?

1. 내 인생 최고의 거짓말은?

2. 나를 불안하게 만드는 질문은?

3. 가장 사무치는 죽음은?

4. 사랑 때문에 저지른 가장 미친 짓은?

5. 내 인생 최악의 싸움은?

6. 내가 가장 좋아하는 냄새는?

7. 내 몸 어딘가 단 한 군데를 바꿀 수 있다면?

8. 내 몸의 주인이 내가 아니었을 때가 있다면?

9. 꿈에 나타날까, 고개가 절레절레하게 되는 사람은?

10. 지금도 생생한 가장 무서웠던 꿈은?

11. 누구에게도 절대 말할 수 없는 비밀은?

12. 내 인생을 영화로 만든다면?

13. 하루 동안 무제한 초능력자가 된다면?

14. 절대 일어나지 않았으면 하는 일은?

15. 나에게서(내 삶에서) 부인할 수 없는 사실은?

16. 내 생애 마지막으로 누군가에게 음식을 만들어준다면?

17. 내가 대단한 이유는?

18. 해도 해도 자꾸 하고 싶은 나의 이야기는?

19. 찢어지게 가난했던 시절은?

20. 최악의 음주 사건은?

21. 정말 미안했던 일은? 또는 사람은?

22. 다음 생에도 다시 만나고 싶은 사람은?

23. 살의를 느꼈던 경험은?

24. 분통 터지게 억울했던 일은?

25. 진짜 확 죽어버리고 싶었던 적은?

26. 실패한 자살 경험이 있다면?

27. 내 안에 미친년이 있다면?

28. 내가 콩쥐 같았을 때는?

29. 부모가 진짜 나의 친부/친모가 맞을까 생각했던 적은?

30. 지금 생각해도 피가 거꾸로 솟는 일이 있다면?

31. 가장 사랑하면서 가장 미워한 그 사람은?

32. 이제는 담담히 말할 수 있는 그때 그 사건은?

33. 이제는 정말 죽나보다 했던 적은?

34. 나의 장례식장에 절대 오지 말아야 할 사람이 있다면?

35. 내게 용서를 구해야 하는 사람은?

36. 신에게 간절히 매달렸던 적은?

37. 나를 무시했던 그 인간, 보란 듯이 잘난 척하고 싶은 사람은?

38. 세상 그렇게 살지 말라고 따끔하게 혼내주고 싶은 사람은?

39. 내가 저지른 가장 멍청한 짓은?

40. 다음 생의 나의 부모는 어떤 사람이면 좋을까?

41. 다음 생에서 내가 꼭 갖고 싶은 것은? (건강, 미모, 지성, 권력,

    돈, 사랑, 어떤 환경 등)

42. 내가 들은 말 중 가장 모멸감을 느낀 말은?

43. 지금 당장 듣고 싶은 말은?

44. 딱 한 대 귀싸대기를 갈겨주고 싶은 사람은?

45. 내가 찬 바닥에 내동댕이쳐진 것 같았던 때는?

46. 폭식 혹은 거식으로 힘들었던 때가 있다면?

47. 알코올이나 쇼핑, SNS, 섹스 등 중독 상태였던 적이 있다면?

48. 금지된 욕망을 말할 수 있다면?

49. 내 인생의 좋은 음식과 나쁜 음식은?

50. 나를 웃게 만드는 사람은?

15분 글쓰기:

목록에서 한 가지 주제를 골라 떠오르는 대로 글쓰기

주제: 내 몸 어딘가 단 한 군데를 바꿀 수 있다면?

괜찮은 사람이 되기 위해 노력하는 나   쑥맘

아이 낳기 전까지 내 손은 참 예뻤다. 새끼손가락이 남
들에 비해 짧긴 하지만 네 번째 손가락은 남들에 비해
길었고, 피부도 좋았고 손가락이 긴 편이었다. 그렇게
내 손은 참 예쁘다는 생각을 하며 살았다. 추운 겨울에
베란다에 빨래를 널 때면 손이 참 시리다. 그동안은 그
렇게 내 손을 대우한 적이 없어서 몰랐는데, 그제야 알
았다. 내 손은 너무 춥고 건조해지면 탈이 난다는 것을.
손마디에 습진이 잘 생기고 약을 발라도 쉽게 없어지지
않는다. 너무 가려워서 긁으면 더 안 좋아진다. 그렇게

추운 겨울을 보내고 나서 따뜻한 봄, 더운 여름이 오면 손이 또 괜찮아진다.

나는 애쓰고 있다. 축복같이 온 나의 아이를 내가 줄 수 있는 한 많은 사랑으로 키워내기 위해서. 어느 날 곤히 자는 아이의 얼굴을 보며 나는 몇 년은 이 아이를 위해 엄마로서의 삶을 살아도 괜찮겠다는 생각을 했다. 나로서의 삶이 아니라 아이의 엄마로서, 그 엄마는 누군가의 아내이기도 하다. 그렇게 4년째 살고 있다. 그러면서 느낀다. 이렇게 사는 건 나에겐 참 힘든 일이구나. 나를 포기한다는 것이 이렇게 어려운 일이구나. 요즘은 나를 포기한다는 건 아이한테도 안 좋다는 것을 느껴가고 있다. 일상생활에서 사소한 불만들이 쌓여 짜증이 늘고, 그런 짜증은 가장 연약한 아이와 가장 편한 친정 엄마에게 쏟아진다. 오롯이 나라는 사람과 다양하게 주어지는 역할 간의 조화점을 찾아야 한다는 생각을 많이 한다. 실천하긴 힘들지만 그래도 조금씩 나만의 시간을 가지면서 안정되어가는 나를 느낀다.

그래, 너 참 많이 애썼어. 누군가의 엄마가 된다는 건 정말 쉽지 않은 일이지. 이 세상의 엄마들이 대단하다고 느껴. 하지만 나를 잃어간다는 것. 왠지 모를 조급함. 심심함? 단조로움. 답답함. 지금이라도 깨닫고 나를 찾아가려는 내가 기특하다. 어느 한쪽으로만 치우치지 말고, 이쪽으로도 갔다가 저쪽으로도 갔다가 그렇게 역할극을 해보자. 그리고 그런 시간들이 있었기에 좋은 엄마로서 한 걸음 나아가고 있으니 후회하진 말자. 원망하지도 말자. 그 시간들도 행복하고 소중했다. 아이를 생각하듯 나도 생각해주자. 항상 이렇게 열심히 살아줘서 고마워. 성찰하며 살아가는 하루하루를 응원해. 그렇게 내 손은 또 다른 아름다움을 가질 수 있을 거야.

알아차림 요약하기: 고통을 통해 깨우친 것

15분 글쓰기를 마쳤다면 아래 빈칸을 채우며 문장을 완성해보자.

이 사건을 통해 내가 배운 것은 ＿＿＿＿＿이다.

글을 쓰면서 새롭게 알게 된 것은 ＿＿＿＿＿이다.

예)

이 사건을 통해 내가 배운 것은 '나 참 애쓰고 살고 있구나'이다.

글을 쓰면서 새롭게 알게 된 것은 '여전히 내 손은 예쁘구나'

이다.

살아 있다는 것만으로 충분하다

모든 사람은 그 사람의 이해 정도와

인식의 한계 내에서만 세상을 바라볼 뿐이다.

✧

아르투르 쇼펜하우어_Arthur Schopenhauer_

고등학교 2학년, 내 인생이 B급 공포영화 같았던 몇 달간을 이야기해보려 한다. 어느 날인가부터 별안간 눈앞에 귀신이 보이기 시작했다. 죽은 영혼들 말이다. 그들은 장독대에 앉아 있거나, 골목 입구에 서 있거나, 전깃줄에 걸터앉아 있을 때도 있었다. 영혼들은 그렇게 불쑥불쑥 바로 앞에, 혹은 저만치에서 늘 거기에 있던 것처럼 그렇게 있었다.

나는 미쳐가고 있었다. 아니, 미쳐가는 게 무서워서 미칠 지경이었다. 야간자율학습을 마치고 집에 갈 때가 제일 큰일이었다. 매일매일 귀신의 집을 통과해야만 하는 거였다. 그들은 그 자리에 또 있을 거니까. 컴컴한 산동네를 오를 때마다 머리카락이 삐죽삐죽 서고, 등은 식은땀으로 흥건해졌다. 캄캄하고 좁고 구불구불한 길, 한 걸음 한 걸음 천 길 낭떠러지를 걷는 것 같았다. 더 이상 혼자 다닐 수 없게 됐다. '태성이네 슈퍼' 입구에 있던 하늘색 공중전화로 엄마를 부르기 시작하다가, 나중에는 아예 엄마가 버스 정류장에 마중을 나와 있어야 했고, 점점 집 밖으로 나갈 수 없게 됐다.

병원에서는 내 머리에 '이상 없음' 판정을 내렸고, 엄마가 다니던 교회에서는 사탄이 들었다고 했다. 그러나 차라리 진짜 죽는 게 낫겠다 싶었던 건 다름 아닌 두통이었다. 뭔가가 머리를 뚫고 나올 것 같은 느낌이었다. 벽에 머리를 쿵쿵 박아댔다. 벽에 부딪치는 통증이 차라리 나은 것 같았고, 머릿속에 있을지 모를 끔찍한 무엇을 죽여버리고 싶었을지도 모른다. 몇 번을 엄마와 부둥켜안고 서럽게 울었다. 그때마다 엄마는 "어떡하니, 어떡하니" 하며 내 등을 툭툭 쓸어내렸다. 우리는 너무 무서웠다. 열일곱 살의 몇 달은 마치 상영시간이 정해져 있는 영화처럼 어느새 끝이 났다. 인트로와 엔딩은 기억나지 않는다. 그저 끝나서 다행일 뿐이었다. 부모님의 이혼이 기정사실화됐을 시기였다.

심리전문가로서 그때의 나를 분석해보면 극도의 스트레스로 인한 단기 정신병적 장애였을 것이라고 추측한다. 당시에는 물론 내가 본 것이 100퍼센트 영혼이라고 생각했지만 말이다. 어쨌든 일시적인 정신병적 장애였다면, 그 원인을 두 가지로 본다. 나는 미쳐서라도 부모님을 붙잡고 싶었다는 것과 부모님의 이혼이 내게 공포 그 자체였다는 점이다. 그때의 나는 부모님의 이혼을 몹시 담담하고, 당연하고, 후련하게 받아들였고, 또 그렇게 표현했다. 스스로 정말 그런 줄 알았다. 진짜 무서웠다는 걸 알지 못했고 표현할 줄도 몰랐다. 그래서 무의식이 부모에게 버려지는 것 같은 진짜 공포의 실체를 알려주기 위하여 귀신이라는 가짜 공포의 대상을 이용한 것이라 해석한다.

그땐 몰랐지만 나중에서야 정확히는 글쓰기를 하고 나서 알게 된 사실이 하나 더 있다. 그때 내 옆에 엄마가 있었다는 것이다. 나는 늘 혼자라고 생각했고, 누구에게도 이해나 보호를 받지 못한다고 생각했다. 하지만 엄마는 귀신이 보이는 딸에게 미쳤다고도, 잘못됐다고도, 부끄러워하지도, 비난하지도 않았다. 한 번쯤은 한탄도 할 법한데 엄마는 우는 내 곁에서 같이 울어주고, 같이 아파하고, 그저 안아줄 뿐이었다. 어쩌면 엄마가 그렇게 해줬기 때문에 끔찍했던 악몽에서 몇 달 만에 깨어 나올 수 있었을지 모른다.

그 일을 겪었던 나에게 해주고 싶은 말이 있다.

"정말 많이 힘들었지? 죽고 싶을 만큼 무서웠잖아. 잘 견뎌냈어. 그리고 기억해. 그 분열조차 너를 지키기 위한 거였다는 걸."

그리고 엄마에게도 하고 싶은 말이 있다.

"나는 엄마를 참 많이도 오해했어요. 미안해요. 그리고 함께 있어줘서 정말 고마웠어요. 엄마는 늘 그렇게 내 곁에 있었는데 이제 알았어요. 엄마의 싫은 점을 불평할 줄만 알았지, 엄마에게 배운 것도 많다는 걸 이제야 깨닫습니다."

생의 존엄을 지켜낸 사람들

지옥에서 살아남은 자들을 향해 진정 어린 감동과 탄복이 일어날 때가 있다. 피 한 방울 섞이지 않은 남이지만 자랑스럽기까지 하다. 타인이 자신의 지난한 삶을 전해줄 때마다 나는 조금씩 편견을 거둬들이게 되며 조건 없는 공존을 경험한다. 상담하는 일의 감사함 중 하나이다. 덕분에 그들의 강인한 생의 에너지와 용기를 다른 이들에게 전할 수 있게 되었다.

문명사회에서 생길 수 있는 일이라고는 믿기지 않을 정도로 극한의 가난과 비인간적인 폭력을 겪고도 인간이길 포기하지 않았던 사람, 친족 간 성폭력 등 어릴 적에 생긴 트라우마가 온 생을 지배했지만 결코 비극적인 생에 집어삼켜지지 않았던 사람, 스스로 통제할 수 없는 끔찍한 내용의 강박이나 불안장애에 시달리면서도 공부하고 노동하며 일상을 지켜내고 있는 사람, 지속적인 따돌림을 받으며 배척과 소외에 치를 떨었지만 사회로부터 도망치지 않았던 사람. 이들 모두의 공통점은 삶과 타인에게 물리고 뜯겼을지언정 스스로는 자신을 해치지 않았다는 점이다. 죽어버리고 싶을 만큼 불행했고, 죽여버리고 싶을 만큼 거센 분노도 품었지만 결국 생의 존엄을 지켜낸 존재들이다.

내가 이런 생각을 전하면 그들은 "죽지 못해 살았다"고 한다. 죽지 못해 살았다는 것 자체가 삶을 향한 선택이다. 죽지 못해 산 힘, 그 힘이 얼마나 대단한가. 열두 번도 더 죽고 싶었고, 진짜 죽을 고비도 있었다. 그리고 지금 여기 우리는 살아 있다. 나는 가끔 내가 멀쩡하게 살아 있다는 것이 신기하고 신비롭다. 삶에 버젓이 놓여 있는, 알 수 없는 신비를 응시하자는 뜻이다. 그럴 때 어느 순간 '아하' 하며 넓어지는 마음공간에 빛이 드는 걸 경험하게 될 것이다.

'내가 가치 없는 사람이라서가 아니었구나.'
'나만의 잘못이 아니었구나.'
'나는 소중한 것을 지켜냈구나.'
'버티고 견뎌낸 것도 참 대단하구나.'
자기수용은 이렇게 자신에 대한 오해를 푸는 과정을 거치며 자기연민·자기신뢰의 자각과 함께 자연스럽게 맞이하게 된다.

포기도 실패도, 나의 삶이었음을

이번 장에서는 인생에서 포기하거나 실패한 것과 지켜내고 이룬 것들을 모두 다룬다. 무언가를 지켜냈거나 이뤘다는 것은 다른 무언가를 포기했음을 내포한다. 지켜낸 그 무엇이란 유일한 생명, 사랑하는 사람, 학업이나 일, 소중한 관계, 피치 못할 관계, 씻고 밥 먹고 청소하는 기본적인 일상 전부를 포함한다. 무의식적인 자동반응이었든, 외부의 압력으로 어쩔 수 없었든, 마지못해서 했든, 기를 쓰고 했든, 내가 한 선택과 행동들이다. 그 모든 행동의 동기 또한 내 안에서 일어난 일이다. 결국 '나'니까 내린 선택이었다. 세상만사 그 어떤 것도 순수하게 옳거나 그른 것은 없듯이 내가 한 모든 선택 또한 마찬가지다. 바람직한 선택도 있었고, 바보 같은 선택도 있었다. 그것들을 비난하지 말고 거리를 두고 한번 바라보자. 그저 그러했음을, 아닌 듯해도 나는 내 삶을 살아내고 있음을 당당하게 수용해보는 것이다.

아쉬움이나 후회가 들 수도 있다. 여전히 죄책감과 수치심이 꿈틀댈 수도 있다. 부정적인 감정이 싫어 무조건 괜찮다, 좋다고만 하지 말자. 그건 수용이 아니라 합리화 혹은 회피이다. 맹목적인 낙천성 또한 삶의 질곡과 내면의 그림자를 보기 싫은 마음이 만들어낸 가짜 밝음일 수 있다. 이번 작업의 핵심은 바로 이러한 긍정적이거나 부정적인 감정과 태도들을 모두 허락하는 일이다. 내가 내린 선택, 그에 따른 결과, 그것에 붙어 있는 다양한 감정을 끌어안자. 그것들을 바라보는 나의 태도를 점검하고 변화를 시도할 때 우리는 더욱 성숙할 수 있다.

내가 포기했던 것이 있다면 그 또한 깨끗이 인정해보자. 그것을 포기했기에 다른 무언가를 지켜낼 수 있었을 것이다. 돌이켜보니 실패였어도 상관없다. 아니, 실패했음에 두 손 딱들 수 있다면 더 좋다.

나의 실패담을 하나 고백한다. 고등학교 때 나는 폭풍 같은 사춘기를 겪었다. 귀신이 보이지 않게 된 후, 그야말로 눈에 뵈는 게 없어져 눈 뒤집고 노는 시기를 맞았다. 방과 후면 지하철역에서 화장하고 옷을 갈아입고 클럽에 가 놀았다. 지금은 중·고등학생들이 화장하는 게 자연스러운 시대가 됐지

만, 그때만 해도 정학감이었다. 술도 많이 마셨다. 그 당시 일
반 술집은 밤 12시까지로 영업시간 제한이 있었다. 좀 노는
우리 패거리들은 '88올림픽'이라는 단골 호프집에서 12시가
되면 셔터를 내리고 그 안에서 새벽 내 술을 퍼마셨다. 우리
집은 역기능 가족의 전형이었다. 부모님은 가난한 것도 모자
라 서로 치고받으며 싸웠고, 나는 맏이로서 엄마를 지키고 행
복하게 해줘야 한다고 생각했다. 제일 좋은 방법은 공부를 잘
하는 것이었다. 나는 초등학교 때부터 고등학교에 입학할 때
까지 매우 좋은 성적표로 엄마를 기쁘게 할 수 있었다. 하지
만 고등학교 때 부모님이 이혼하게 되면서 나도 모르게 인내
와 억압의 끈을 놓아버렸다. 그렇게 나는 고삐 풀린 망아지처
럼 고등학교 시절을 방황과 방탕으로 허비했고 당연히 대학
입시에도 실패했다. 극도의 정신적인 스트레스 때문이라며
부모님을 원망했고, 그동안 할 만큼 했다고 변명을 늘어놓으
며 불성실과 비행을 정당화했다.

나를 위해 살고 있음을 인식하라

세상엔 좋은 포기도 있다. 포기는 곧 실패라는 인식으로 포기해서는 안 된다며 물고 늘어지는 것도 능사는 아니다. 포기도 선택이며, 삶의 일부이다. 포기한 것이 후회가 될 순 있다. 그래도 어쩔 수 없다. 지난 일이기도 하지만, 앞서도 얘기했듯이 후회 좀 하면 어떤가. 괜찮다. 나의 한계를 분명히 알고 인정하는 것이 중요하다. 지나친 반성도 독이다. 하지 못한 것, 잘못한 것, 미흡했던 것들을 붙들고 반성만 하는 것 또한 자기한계를 인정하지 못하는 걸 수 있다. 지나친 반성은 자기비난과 다르지 않다. 그러니까 내가 포기한 것들, 내가 지켜내지 못한 것들 때문에 자기비난과 죄책감에 빠져 있지 말자.

그럼 어떻게 하면 좋을까? 나의 실수와 한계를 깨끗이 인정하면 된다. 내가 포기한 것과 그것을 대신해 지켜내고 이룬 것을 면밀히 살펴보면서, '내가 이렇게 살아왔구나, 참 고생 많았네. 마음에 썩 들진 않지만 그래도 애쓴 건 맞아' 이 정도만 해도 된다.

　'내 마음에 쏙 드는 나'라는 건 팽창된 에고의 환상이다. 뒤집어서 '내 마음에 안 드는 나'는 수축된 에고의 환상이다. 모두 환상일지언정, 에고의 목적은 언제나 '나를 위함'에 있다. 즉, 당신은 늘 자신을 위해 살고 있다는 것을 아는가. 나를 위해 살고 있다는 것을 인식하지 못한 채, '마음에 드는 나'만 좋아하고 '마음에 들지 않는 나'를 소외시켰을지 모른다. 마음에 들지 않는 자신에게 내 마음에 들도록 고치지 않으면 앞으로도 좋아하지 않을 거라고 협박하면서. 우리는 바꿀 게 없다. 인식의 차원을 높이는 노력으로 다만 알게 될 뿐이다. 나는 마음에 안 드는 나를 좋아하지 않았지만, 그것 역시 나를 위한 거였다고.

　나는 나름의 깔깔한 인생길을 거치며 갖은 덫에 빠졌다. 덕분에 지금은 욕망과 두려움의 그림자를 더 잘 볼 수 있게 되었다. 그중 학창시절의 방황은 '나는 계속 영광의 자리에 있어야 한다'는 나르시시즘적 도취였으며, 영광의 자리를 계속 차지하지 못할 것 같은 불안과 아무것도 아닌 것이 되는 것에 대한 두려움의 저항이었다. 공부 잘하던 내가 고등학교 때 성적이 급격히 떨어지면서 자신감을 잃었다. 1등을 하지 못할 바엔 꼴등이 낫다고 무의식적으로 판단했을 것이다. 그러면 내가 못 한 게 아니라 안 한 게 될 수 있기 때문이다. 물론 불안정한 환경 탓이 전혀 없었다고는 할 수 없다. 하지만 그게 다는 아니었다. 진실에 더 가까운 것은 아무것도 아닌 사람이 되는 두려움에 사로잡혀 지레 포기했다는 점이다. 실패는 실패다. 이건 어디까지 나의 경우이며, 내가 깨닫고 수용한 내용이다. 방황하고 탈선 좀 했다고 다 실패했다는 건 아니다.

그때를 생각하면 여전히 안타깝고 아쉽다. 하지만 절대 해서는 안 될 일은 아니었다는 것도 안다. 세상에 그런 일은 없다. 빛이 있는 곳에는 반드시 그림자가 있다. 빛이 강하면 그림자도 짙다. 우리 내면도 그렇다.

우리는 그저 잘 살고 싶었다

심층심리학에서 그림자란 자신의 일부이지만 보려 하지 않

거나 이해하는 데 실패한 부분이며, 에고(자아)로부터 배척
되어 무의식에 억압된 성격 측면을 말한다. 자아의식이 한쪽
면을 지나치게 강조하면 그림자는 그만큼 반대편의 에너지
를 키운다. 예를 들어 소심하고 내향적인 사람들의 무의식 속
에는 권력 지향적인 그림자가 생겨난다. 또 희생하고 헌신하
는 거룩한 에고를 키우는 사람들의 무의식 속에는 보상받아
마땅하다는 자기중심적인 그림자가 짙어진다. 그래서 그림
자를 발견하는 일은 축하할 일이다. 그림자를 인식했다는 것
은 내가 무슨 짓을 하고 있는지 알아차렸다는 뜻이며, 추방됐
던 나의 일부를 되찾아온 것이니까. 그림자를 끌어안는다는
것은 바로 이런 과정 전체를 말한다. 이것은 영적 수행이기
도 하다. 이제 우리는 자기 역사의 진실을 고백함으로써 자유
로울 준비에 박차를 가하는 중이다. 여기까지 오느라 정말 애
많이 썼다.

　지금껏 나를 살게 한 힘은 무엇일까? 사랑하는 가족을 위
해서, 잘난 친구 혹은 형제자매에게 지기 싫어서, 부모(맏이,
가장)의 책임을 다하기 위해서, 부모에게 인정받기 위해서, 존
경받는 사람이 되면 따돌림을 받지 않을 것 같아서, 특별한

사람이 되고 싶어서, 부자가 되어 무시당하지 않으려고 등.
모두 집단 치유 프로그램에서 '내가 살아온 힘은 무엇일까?'
라는 질문에 참여자들이 내놓은 대답들이다. 이 답변들을 종
합하면 잘 살고 싶어서다.

　같은 맥락으로, 누군가 죽고 싶어 하는 이유도 이렇게는
살 수 없기 때문이다. 존엄이 훼손되었을 때, 먹고 사는 생존
자체가 막혀 있을 때, 나라는 존재의 가치를 어디서도 찾을
수 없을 때(사실 존재 그 자체가 가치이지만), 세상과 사람들 사이
어디에도 속하지 못할 때, 나의 몸을 스스로 가눌 수 없을 정
도로 병들어 있을 때, 사랑과 관심을 전혀 받지 못하고 친밀
감을 나눌 사람이 1명도 없을 때. 모두 인간답지 못한 삶이라
고 할 수 있다. 이럴 때 우리는 죽음을 생각하곤 한다. 이해하
자. 죽음 충동은 강렬한 생 에너지의 다른 편임을. 사람답게,
나답게, 잘 살고 싶은 열망임을.

　인생이 참 아이러니하다. 잘 살고 싶어서 잘못을 저지르
기도 하니 말이다. 지금만큼은 잘잘못을 가리지 말자. 사실
자신의 잘못은 우리도 다 알고 있다. 하지만 잘 살고 싶었고,

잘하고 싶었고, 사랑과 인정을 받고 싶었던 나를 공감해주는

건 잘하지 못했을 것이다. 그걸 지금 해보자.

실전 치유글쓰기

나의 선택을 인정하는 글쓰기

잘하고 싶었지만 잘되지 않았던 일을 떠올려보자. 묵직한 후회 덩어리로 남아 있는 게 있다면 이참에 흘려보내면 좋겠다. 안타까움을 느낀 일상의 소소한 장면들을 불러와도 좋다. 뭐든지 좋으니 목록 쓰기를 하면서 떠오르는 대로 모두 적어보라.

이번 작업은 당당하게 실패를 인정하는 글쓰기다. 지난 삶의 오점을 허용하는 작업이며, 현재의 삶으로 대담하게 뛰어들기 위한 작업이다. 잊지 말자. 특정한 일에만 실패했음을 인정하면 된다. 나 자신과 내 인생 전체로 비약하지 말자. 마뜩잖은 그 오점이 나를 크게 깨우치게 하고 발전시켰을 것이다. 이번 기회에 실패임을 단호히 인정하고 나면 손가락 끝에 박힌 굵은 가시 하나를 빼낸 느낌이 들지도 모른다.

빈칸 채우고 목록 쓰기: 잘하고 싶었지만 실패한 것 인정하기

~~~~~~~~~~

잘하고 싶었어.

하지만 내가 _____한 것은 실패라고 생각해.

그렇다고 내가 _____(라는 뜻)은 아니야.

예)

- 잘하고 싶었어. 내가 어릴 적 꿈인 기자가 되지 못한 것은 실패라고 생각해. 그렇다고 내가 꿈을 잃었다는 뜻은 아니야.

- 잘하고 싶었어. 내가 우울증을 겪은 건 나 자신과 잘 지내는 일에 실패한 거라고 생각해. 그렇지만 내가 나약하기만 한 사람인 건 아니야. 내 안에는 끈질긴 생명력이 있어.

- 잘하고 싶었어. 인정받는 자리에 가고 싶었지만 지금은 낮은 자리에 있어. 그렇다고 내 가치가 낮다는 건 아니야.

- 잘하고 싶었어. 하지만 내가 100퍼센트 오른 주식을 팔지 않았던 건 실패라고 생각해. 그렇다고 내가 경제적 자유를 포기했다는 뜻은 아니야. 앞으로는 덜 욕심낼 거야.

목록 쓰기: 죽을 만큼 힘들었지만 지켜낸 것 인정하기

포기하지 않고 지켜온 것, 이 말에 대해 오해하지 말아야 할 것이 있다. 결국 포기하지 않았다는 것이지, 한 번도 흔들리지 않았다는 뜻은 아니다. 지켜오긴 했으나 여전히 아쉬움이 남아 있어도 괜찮다. 아쉽지 않은 경험을 추구하는 것도 일종의 강박이다. 계속해야 하는지 말아야 하는지 고민했지만 어떻게든 지켜온 것을 찾아보자. 당신이 몰랐던 또 다른 힘이 바로 거기에 있다.

예)

- 아버지의 폭력을 피해 집을 나왔지만 동생들을 책임지고 공부시켰다.

- 왕따로 더 이상 학교를 다닐 수 없어 자퇴했지만 검정고시로 졸업장을 따고 대학에도 갔다.

- 임신했다는 이유로 회사에서 차별받고 퇴사를 종용받았지만 내 자리를 지켜냈다.

- 남편 사업이 실패해 먹고 죽을 돈도 없었지만 결국 내가 팔 걷어붙여 아이들 셋을 잘 키워냈다.

- 나의 반려동물이 늙고 병들어 치료하고 돌보는 것이 정말 힘들었지만, 끝내는 안락사를 시킬 수밖에 없었지만, 그래도 나는 끝까지 그의 곁에 머물렀고 끝까지 사랑했다.

- 별거 중에 시댁에서 아이를 보지 말라는 협박에도 불구하고 끝까지 면접권을 포기하지 않았다.

15분 글쓰기:

자신의 목록에서 한 가지 주제를 골라 떠오르는 대로 글쓰기

아이와 한 달에 한 번 만나던 시절, 아이는

집에 돌아갈 때마다 배가 아프다고 했다   강

전남편과 별거를 시작할 때 약속한 게 있다. 한 달에 한 번, 1박 2일은 내가 아이와 시간을 보낸다는 거다. 아이가 중학교에 들어가기 전까지는 약속이 잘 지켜졌다. 하지만 아이가 중학생이 된 후로는 할머니 눈치가 많이 보인다고 해서 약속이 자연스럽게 흐지부지됐다. 그 후로는 가끔 할머니 몰래 비밀로 만나야 했다.

아이는 어릴 적에 1박 2일 동안 나와 머물렀다가 돌아갈 시간이 되면 침울해지고 불안해했다. 집에 가면 할머니가 엄마를 욕하는 소리를 대신 들어야 했기 때문이다. 아이는 집에 가는 길에 매번 배가 아팠다. 서둘러 차에서 내려 지하철역으로, 카페로, 패스트푸드점으로 화장실을 찾아 동동거렸다. 나는 그 옆에서 미안하고 안쓰러워 동동거렸다.

그때 우린 여행도 많이 다녔다. 1박 2일 동안 아이에게 잘 보이기 위해 애썼다. 내 친구들과 동생을 불러서 산으로 들로 휴양림으로 놀러 다녔다. 아이를 좋아하고 호의적인 내 친구들과 즐거운 시간을 만들어주고 싶었다. 세상엔 자기만의 방식으로 자유롭게 사는 사람들이 많다는 걸 알려주고, 타인에게 조건 없이 환대받는 경험을 선물해주고 싶었다. 여행을 다니려니 돈이 많이 들었다. 선거 포스터, 돌 사진, 각종 행사 사진을 찍으면서 열심히 아르바이트를 했다. 우리는 영화도 많이 봤고, 미술관에도 자주 갔다. 초등학교 3, 4학년 때였을까. 내 친구들과 퀴어 축제에 같이 갔는데, 아이가 "엄마는 희한해. 애를 이런 데 데리고 오는 엄마는 엄마밖에 없을 거야"라고 했다. 낯을 붉히면서도 신기함과 놀라움으로 반짝거리던 아이의 눈동자를 기억한다. 이 장면을 애기하니까 떠오르는 일이 하나 있다. 아이가 중학교 때 심각한 목소리로 전화를 걸어왔다. 자기 반 친구 하나를 좋아하는 거 같다고. 걔를 보고 있으면 좋고, 장난치면서 스킨십이 오가면 기분이 야릇하다는 거다. 아들이 다니는 학교는 남자 중학교였다. 나는 빵 터졌다. 너무 귀여웠다. "그럴 수 있어. 이상하거나 잘못된 게 아니야. 좋으면 계속 좋아하면 되지 뭐"라고 말했다. 그랬던 아들은 일찌감치 결혼해서 참 잘 살고 있다. 아들 얼굴 보기 힘든 건 옛날이나 지금이나 마찬가지다. 늘 그립다.

알아차림 요약하기: 누가 뭐래도 내가 알아주기

15분 글쓰기의 내용으로 아래 질문에 답해보자.

1. 그 시절 주된 감정은?

2. 그때의 나에게 하고 싶은 말은?

3. 내가 지켜낸 것을 한마디로 말하면?

4. 소중한 것을 지켜낸 나의 힘은?

5. 지금의 감정은?

예)

1. 아이가 나를 밀쳐낼까 봐 두려웠다.

2. "너는 정말 최선을 다했어. 내가 알고 있어!"

3. 비록 많은 상처를 주고받았지만 내가 선택한 나의 삶 그 자체.

4. 주변의 비난과 죄책감으로 힘들었지만 그래도 견디고 버틴 힘.

5. 미안함, 슬픔, 안도감.

나를 당당히 여기는 마음으로

얼마든지 자기만을 위하십시오. 올바른 방식으로 말입니다.

그대 자신이 잘 되기를 빌고,

그대에게 좋은 것을 얻도록 노력하십시오.

모든 것이 되고, 모두를 사랑하고,

자신도 행복하고, 남도 행복하게 해주십시오.

그보다 더 큰 행복이 없습니다.

✦

스리 니사르가닷따 마하라지 *Sri Nisargadatta Maharaj*

여기 외모, 능력, 감정, 세 영역에 대한 칭찬이 있다. 그리고
그에 대해 많은 이들이 어떻게 반응하는지 살펴보자.

"헤어스타일 바꾸셨네요. 잘 어울려요. 예뻐요."

→ "예쁘긴요, 뚱뚱하고 늙어서 볼품없어요."

"오늘 강의 내용도 좋고 진행도 매끄러웠어요."

→ "실수를 얼마나 많이 했는데요. 전 아직 멀었어요."

"제 얘기를 경청해줘서 고마워요. 위로되었어요."

→ "아니에요. 워낙 말씀을 잘하셔서, 저는 그냥 듣기만 한
걸요."

칭찬과 인정에 대한 우리의 반응

먼저 외모 영역을 보자. 헤어스타일이 잘 어울리고 예쁘다는
솔직한 인상을 건넨 상대에게 자신은 늙고 뚱뚱하다며 느닷
없이 단점을 드러내면 상대는 참 머쓱해진다. 앞으로 그에게
는 외모와 나이, 늙음의 주제 같은 인간적이며 일상적인 이야
기를 꺼내기가 조심스럽게 된다. 당연히 친밀감을 나누는 사
이로 발전하기 어렵다. 두 번째 예시를 보자. 상대의 능력을
칭찬했는데 자신의 실수를 자책하는 반응을 하고 있다. 이런
반응은 칭찬한 사람의 안목을 신뢰하지도 않고, 존중하지 않
는 태도로 비칠 수 있다. 상대에게 서운한 마음까지도 들게
하기도 한다. 세 번째 감정 영역 예시처럼 상대와 긍정적인

교감을 나눈 것에 대한 고마움을 표하는데, 당신이 말을 잘해서 그런 거지 나는 한 게 없다고 겸손하게 말하고 있다. 하지만 만약 상대가 내밀한 이야기를 용기 내 어렵게 꺼낸 거라면 어땠을까? 이런 상황에서는 겸손한 태도보다는 그저 솔직한 게 더 좋다. 잘못하면 조금 과장해서 '사실 나는 당신을 위로하고 싶은 마음이 별로 없었는데'라는 엉뚱한 메시지로 전달될 수도 있다.

물론 위 예들이 모두 일부러 상대를 불편하게 만들려는 의도가 없다는 것을 우리는 안다. 하지만 알면서도 서운하고 불편한 마음이 들 수 있는 것도 사실이다. 그렇다면 칭찬에 어떻게 반응하면 좋을까? 나도 좋고 상대도 좋을 수 있기를 바란다면 이런 대답은 어떨까?

"헤어스타일 바꾸셨네요. 잘 어울려요. 예뻐요."

→ "괜찮은가요? 신경 좀 썼는데 예쁘게 봐주시니 기분 좋네요."

"오늘 강의 내용도 좋고 진행도 매끄러웠어요."

→ "고맙습니다. 실수한 게 마음에 걸렸는데 선배가 인정해주시니 안심이 돼요. 더 노력해야 하지만 그래도 기쁩니다."

"제 얘기를 경청해줘서 고마워요. 위로되었어요."
→ "제게 이야기를 나눠주셔서 저도 감사해요. 말씀을 워낙 잘하셔서 빠져들었네요. 위로되었다니 다행이에요."

내담자들에게 이렇게 연습해보자고 하면 가뜩이나 칭찬받는 것도 쑥스러운데 간지럽고 오글거려서 못 하겠다고 한다. 우리는 종종 솔직함을 과장으로 착각한다. 혹은 칭찬 좀 받았다고 헤벌쭉 좋아하면 가벼운 사람처럼 보일까 걱정한다. 감정을 드러내는 것은 미성숙하거나 위험하다고도 배웠다. 억압했던 감정을 폭발적으로 드러내는 것이 미성숙한 것이고, 안전하지 못한 상황에서 취약성을 드러내는 것이 위험한 거다. 그 외는 모두 두려움이 만들어낸 경직성임을 이해하자.

칭찬에 반응하는 방법의 핵심은 솔직함이다. 솔직하면 대화에 군더더기가 없고 관계가 선명해진다. 칭찬은 고래도 춤

추게 한다는데, 칭찬받은 우리는 왜 춤추지 못하는가. 타인의 칭찬을 절대 받아들이지 못하는 편집증적 사고가 있는 사람이 아니고서야 대개 우리는 칭찬과 인정을 받으면 힘이 난다. 단순하게 그것을 표현하면 된다. 긍정적인 감정은 솔직하게 드러낼수록 주변에 밝은 에너지를 퍼뜨리며, 그 에너지는 또다시 내게로 돌아온다. 남에게 받은 칭찬과 인정을 온전히 받아들이며 고마움과 기쁜 마음을 드러낸다면, 솔직하고 당당한 태도에 내 이미지와 평판도 더 좋아진다. 부정적이고 위축된 사람보다 솔직하고 자신감 있는 사람이 훨씬 더 매력적이라는 걸 우리는 이미 알고 있지 않은가.

칭찬을 받아들이지 못하는 이유

"당신은 어떤 강점이 있나요?"라고 물으면 대답하기 어려워하는 사람들이 많다. 나이와 성별, 직업 등과 관계없이 말이다. 전문직에 종사하는 중년 이상의 사람들도 한참 생각하더니 결국 자신은 내세울 게 없다고 할 때는 안타까움이 더해진다. "40년도 넘게 살아왔고, 전문직으로 사회생활하는 분이 정말 내세울 게 없을까요?"라고 되물으면, "그러게요. 헛산 것 같아요"라고 자기비하의 구덩이를 한 삽 더 뜬다. 겸손이 몸에 뱄기 때문에 그러는 사람도 있고, 진짜 난처해하는 사람도 있다. 그런데 부족한 점이나 단점을 물으면 기다렸다는 듯이 대답들이 쏟아진다. "전 참을성이 없어요", "생각은 많은데 막상 실천을 못 해요", "사람들 앞에서 당당하게 내 의견을 말하는 게 힘들어요" 등등. 인간은 본능적으로 부정성과 결핍에 먼저 꽂히지만, 이렇게 자신을 홀대하면 그 면들이 더욱 강해진다.

타인의 칭찬을 기꺼이 받아들이지 못하고 스스로 강점이나 자랑거리가 없다고 생각하는 이유는 뭘까? 결론부터 말하면 수치심에 기인한 부정적인 자아상을 갖고 있기 때문이다. 이러면 당연히 자부심과 자긍심을 갖기 어렵다. 자존감이 낮은 사람은 주로 자부심과 자긍심이 낮거나 아예 없기 마련이다.

첫째, 과도한 겸손이 몸에 밴 경우다. 사양하거나 겸손하지 않으면 오만방자한 몹쓸 사람이라도 되는 것처럼 고개를 숙이고 몸을 낮추는 태도가 습관이 된 것이다. 좀 거칠게 말하면 비굴함이 몸에 밴 거다. 매우 엄하고 권위적인 양육자, 경직된 규칙을 강요하는 환경의 영향을 많이 받았을 수 있다. 이들은 타인과 동등한 입장을 취하거나 자신이 좀 잘난 모습을 보이면 실례를 범하는 거라고 착각한다. 특히 더 문제가 되는 건 타인을 높여주려고 자신을 애써 낮추는 태도다. 부작용도 크다. 나만 우월한 존재로 빛나야 하는 나르시시스트가 아니고서야 자신을 낮추면서까지 나를 높여주려는 사람에게 좋은 인상을 품을 수 없을뿐더러, 그런 방식으로 높여지는 것도 영 꺼림칙한 일이다. 우리는 비굴한 사람과 중요한 일을 같이하거나 친근한 인간관계를 맺고 싶어 하지 않는다.

두 번째로 가짜 겸손이다. 가짜 겸손함 안에는 매우 높은 자기 기준이 버티고 있거나 오만함이 숨겨져 있다. 이 점이 과도한 겸손과 다른 점이다. 자기 기준이 높다는 것 자체가 자기 한계를 인지하지 못하고 있거나, 혹은 알고 있지만 인정하고 싶지 않은 마음이 포함되어 있다. 혹시 당신에게 겸손 강박이 있다면 한번 솔직해져 볼 필요가 있다. 우리 내면에는 나르시시스트 인격이 있는데 그 인격이 활성화되면 사람들이 싫어할까 봐, 성숙해 보이지 않을까 봐 숨기고 있을지도 모른다. 이렇게 억압된 내면인격은 에고에게 무시당했기 때문에 반작용으로 분노와 오만함을 키우게 된다. 내 안에 있는 나르시시스트도 나다. 더 잘나고 싶고, 더 잘 살고 싶은 욕망이다. 그건 잘못된 것이 아니다. 그러면 안 될 이유도 없다. 나의 욕망을 수용할 때 가짜 겸손함으로 위장하는 자기기만에서 벗어날 수 있다. 자신을 속이고 사는 것만 한 불행이 있을까. 잘하고 싶고, 잘나고 싶고, 그런 나를 드러내고 싶은 욕망을 자기 자신과 세상에 들키지 않기 위해 더는 쩔쩔매며 살지 말자.

마지막으로 자기비하의 사고방식과 언행이 습관이 된 경우다. 과도한 겸손보다 더 심각한 경우라고 보면 된다. 낮추는 정도가 아니라 알아서 본인이 자신을 깎아내린다. 이들은 타인의 칭찬과 인정이 정말로 납득이 안 된다. 누가 자신을 좋아하는 것도 이해가 안 되고, 잘했다고 해도 믿을 수가 없다. 부정적인 자아상을 가진 데다가 자기신뢰가 없기 때문이다. 이처럼 자기불신을 포함한 부정적인 자아상을 갖게 되는 이유는 인지심리학에서 찾을 수 있다.

미국의 정신의학자 아론 벡의 인지심리이론에서는 자신의 긍정적인 경험이나 능력을 객관적이지 못한 시선으로 깎아내리는 인지오류를 긍정격하Disqualifying the Positive라고 한다. 좋은 성과를 낸 건 운이 좋았기 때문이라거나, 누구 덕분이라고만 하는 거다. 한국인 10명 중 9명은 내 멋대로 생각하는 인지오류 습관을 갖고 있다는 통계도 있다. 우리 대부분이 오류를 범하고 산다는 얘기다. 단지 알아차림을 하는지, 자기객관화를 하려고 노력하는지의 차이만 있을 뿐이다. '내가 이런 생각을 하고 있구나', '또 나를 못났다고 보고 있구나', '나 스스로 인정하지 못하는구나' 하고 알아차리면 된다. 그리고 일상에서 나를 깎아내리는 말을 의식적으로 줄이려는 노력도 필요하다. 자기를 내세우지 않는 것과 깎아내리는 것은 엄연히 다르다. 오히려 현실에서는 필요할 때 내세울 줄도 알아야 하는데, 그것까지는 못 하겠다면 적어도 자신을 깎아내리지는 말자. 대인관계에서 자기긍정, 자기존중을 실천하는 가장 중요한 태도이다.

지금까지는 타인의 칭찬을 기꺼이 받아들이지 못하거나

자신은 강점이나 자랑거리가 없다고 여기는 심리와 태도에
대해 살펴보았다. 여기서 더 나아가 잘난 척해도 된다고, 뽐
내도 괜찮다고 제안한다.

참고)

- 과장된 자존감 : 자신은 실제보다 우월하게 평가하고, 남은
  과소평가함. 다른 사람의 말을 잘 듣지 않고 비판적인 특징
  이 있음.

- 높은 자존감 : 자기 자신을 가치 있게 여기며, 자신감과 용
  기가 있음. 다른 사람의 신념과 가치를 인정함.

- 낮은 자존감 : 자기 자신을 귀하게 여기지 않으며, 자기 가
  능성을 믿지 않음. 결핍감과 불안이 강함.

잘난 척하는 사람이 불편하다면

사람들을 만나고 돌아서서 뒤통수가 따끔따끔할 때가 있다. '나 혼자 너무 많이 떠들었나.' '내가 좀 가르치거나 지적질만 했나?' '아는 척을 너무 많이 했나?' 한마디로 잘난 척한 것 같을 때 찜찜하다. 이 또한 욕먹고 미움받을까 봐 그렇다. 대개 우리는 잘난 척하는 사람들을 밥맛없어하는 경향이 있으니까. 이처럼 내가 잘난 척을 하는 게 마음에 걸리니까 누가 잘난 척을 하는 것도 눈에 거슬린다.

우리가 잘난 척하는 사람을 싫어하는 이유에 대해 생각해보자. 첫 번째는 겸손이 미덕이라고 배웠기 때문이고, 두 번째는 투사가 일어났기 때문이다. 겸손의 그림자에 대한 이야기는 앞에서 이미 다뤘으니 넘어가고, 두 번째 이유인 투사방어기제에 대해 좀 더 자세히 알아보자. 투사는 부모, 자식, 친구나 동료, 배우자나 애인 등 모든 인간관계에서 가장 흔하게 일어나는 정신작용이다. 나도 강의할 때 연신 아는 척하는 학생이 있으면 썩 좋은 인상을 받기 힘들었고, 저 말을 언제

끊어버릴지 기회만 노리곤 했다. 나이를 먹어서 그런가, 경험이 쌓여서 그런가, 이제는 그런 사람들을 보면 속으로 '그래요, 여기서 실컷 잘난 척하십시오'라고 할 수 있게 됐다. 잘난 척하는 사람들이 그렇게 거슬리지 않게 된 건, 여태 잘난척 못 하고 산 나의 투사였음을 인정한 후부터다. 남을 향한 판단의 내용이 실은 내 투사가 아닌지 끊임없이 살펴야 한다. 잘난 척에 드러나는 투사의 내용은 이렇다. 우리 내면에 억압된 '나잘난' 인격이 있는데, 내가 못 하는 걸 남이 내 앞에서 보여주면 눈꼴시게 된다. 타인에게 보이는 싫은 면이 바로 내가 드러내지 않고 살기 위해 애쓴 부분이라는 것을 자각해야 한다.

세 번째는 질투가 나기 때문이다. 내가 원하지만 갖고 있지 않은 걸 타인이 갖고 있어 배가 아픈 건데, 이 역시 결핍과 부정성에 초점이 맞춰져 있어서다. 위에서도 언급했다시피, 인간은 충족된 상태보다 결핍에 더 에너지를 쏟게 마련이다. 그래야 생존에 더 유리하니까. 질투는 나쁜 게 아니다. 그러니 남이 잘난 척을 하는 게 보기 싫다면, '에구, 내가 배가 아프구나' 하고 질투를 인정해라. 그리고 '내가 없는 것에만 집중했구나' 하고 나의 선택적 주의 습관을 인지하면 된다. 말할만한 사람이라면 "부럽네요", "질투 난다" 하고 말해보는 것도 좋다. 대화의 분위기가 한결 편안해지고 마음의 걸림도 없어진다.

잘난 척하는 사람이 불편한 또 다른 이유는 두려움 때문일 수 있다. 나의 부족함, 결핍, 열등감이 들통날까 봐 긴장되는 거다. 어떤 이유로든 불편한 내 마음을 먼저 돌아보면, 잘난 척하는 그 사람의 문제가 아닌 내 마음의 문제인 경우가 대부분이다. 이 사실을 받아들이면 나도 자연스럽게 나의 자긍심을 드러낼 수 있게 된다. 자긍심을 드러낼 수 있을 때 취약함을 드러내는 일도 괜찮아진다. 자기 자신의 양면성을 숨기고 사는 일이 얼마나 힘든지 우리는 이미 알고 있다. 있는 걸 있다고 드러내 보이는 건 잘못된 것이 아니다.

타인의 시선으로부터 나를 좀 느슨하게 풀어주자. 물론 상호작용이라고는 안중에 없는 '나 홀로 떠들기 대마왕'은 여전히 싫다. 이런 경우는 내 문제가 아니라 사회적 상호작용이 뭔지 모르며 소통 능력이 떨어지는 그의 문제이니 내가 어쩔 수 없다. 그럴 땐 그냥 싫어하면 된다. 싫은 건 싫은 거다. 뒤

집어서, 있는 것 있다고 드러내는, 그러니까 잘난 척 좀 하는
나를 누가 싫어한다면 그것도 그 사람 마음이다.

핵심은 당당함이다

자부심은 자신의 가치나 능력을 당당히 여기는 마음이다. 자
긍심은 자신을 자랑스럽게 여기는 마음이다. 모두 당당함이
핵심이다. 당당함에는 반드시 뛰어난 능력이나 대단한 뭔가
가 있어야만 하는 것은 아니다. 개뿔 없어도, 쥐뿔 몰라도 당
당할 수 있다. 내 존재 자체를 당당히 여기는 거다. 이야말로
진정한 당당함이라고 할 수 있지 않을까. 자부심 혹은 자긍심
에는 나의 욕구, 욕망이 깃들어 있다. 이런 마음들 역시 나의
일부이며, 그 자체로 우리 자신에게 인정받을 만한 가치가 있
다. 그러니 스스로 그렇게 대단하지 않다고 느낄지라도 당당
하지 못할 이유는 없다. 영화 〈유스Youth, 2016〉에 이런 대사가
나온다.

"선택해야 해요, 말할 가치가 있는 게 무엇인지를. 공포인지 열망인지. 전 열망을 택했어요."

여기에서 열망은 말할 가치가 있는 것이라고 전하고 있다.

철학자 알래스데어 매킨타이어는 《덕의 상실》에서 '내가 할 일은 무엇인가'라는 문제에 답을 하기 위해서는 '나는 어떤 이야기 또는 어떤 이야기의 일부인가'라는 질문에 먼저 답할 수 있어야 한다고 말한다. '내가 할 일'이 온전한 내가 되는 것이라고 친다면, '어떤 이야기'는 온전한 내가 되는 과정이 된다. 그렇다면 온전한 나와 그 여정의 이야기는 어떤 태도로 드러나면 좋을까? 나는 그것이 당당함으로 드러날 수 있다면 좋겠다. 당당함이란 들떠 있는 자신감이나 현실과 동떨어진 허영심 같은 건 아닐 것이다. 진지하거나 유쾌하거나, 통곡하거나 미친년처럼 웃거나, 죽도록 사랑하거나 질투하거나, 내 것을 쟁취하거나 조건 없이 내어주는 것. 이 모든 것들을 자연스러운 것으로 허용해주자. 그러면 삶의 구체성을 인정받은 우리의 영혼은 당당한 태도로 자신을 드러낼 것이다.

욕망과 열의를 가지고도 얼마든지 내적으로는 자유롭고 고요할 수 있다. 이미 지나간 것이든 혹은 아직 빛을 보지 못한 것이든, 우리의 모든 열망을 알아주고 당당하게 드러내자.
자부심과 자긍심을 회복하는 일은 원초적 욕망과 대면하는
일이며, 내 삶의 정의를 지키는 일이다. 자부심과 자긍심을
드러내는 일은 자신의 어떤 일부도 차별하지 않는다는 것을
타인에게 당당히 공표하는 일이다.

실전 치유글쓰기

자긍심을 드러내는 글쓰기

한 일(一) 자를 10년 쓰면 붓끝에서 강물이 흐른다고 한다. 오랫동안 견딘 고통과 눈물겨운 노력이 나를 키워냈음을 믿자. 이번 글쓰기 주제는 '자랑스러운 나'이다. 지금까지 만들어낸 내 인생의 업적, 성과물, 인간관계, 신체, 물질 등 삶의 모든 영역이 이번 글쓰기의 소재가 될 수 있다. 혹시나 '난 진짜 자랑할 게 없는데'라고 생각한다면, 그렇게 경직되고 지나치게 겸손한 나의 인격에게 뭐 그리 대단하고 싶은지 물어보자. 그런 다음, 오늘은 좀 가만히 있어 달라고 양해를 구하자. 잘난 척 대환영이다. 내 말이라면 물개 박수를 치며 리액션해주는

사람에게 마음껏 자랑한다고 상상해보자. 아이처럼 최대한
유치하고 시시콜콜하게 떠들어라. 배우자 자랑, 자식 자랑도
하고 싶으면 실컷 해라. 팔불출 환영이다. 온 생애를 탈탈 털
어 자랑거리를 싹 다 수집해보자.

자랑거리 예시)

- 어렵고 힘들었지만 끝장 본 일.
- 죽어도 하기 싫었는데 결국 해낸 것.
- 질리지도 않게 꾸준하게 하고 있는 것.
- 내가 지켜내고 만 것, 놓지 않았던 것.
- 주변에서 하지 말라고 뜯어말렸는데도 결국 내 뜻대로 해
  서 좋았던 것.
- 내가 가진 좋은 것.
- 남들은 못 해봤지만 나는 경험해본 것.
- 남들이 칭찬하고 인정해주는 것.
- 취미, 특기, 재능, 강점, 좋은 성격, 마음에 드는 외모.
- 자랑을 해도 해도 또 하고 싶은 것.

목록 쓰기: 자랑스러운 나에 대하여

예)

- 나는 일에 집중하면 열다섯 시간은 엉덩이를 붙이고 앉아 있을 수 있다.
- 나는 마흔 넘어 혼자 하는 여행을 처음 해봤고, 이제는 즐길 수 있게 됐다.
- 나는 치유글쓰기를 5년째, 48권의 노트에 1,500장 정도를 썼다.
- 나는 매일 감사일기를 쓰고 하루의 일과 중 나에게 감동한 일을 적는다.
- 나는 길가에 놓여 있는 피아노를 보고 망설이다 결국 다른 사람들 신경 안 쓰고 〈어린이정경〉을 쳤다.
- 나는 거절하는 게 정말 힘든 일이었는데, 이제는 심지어 센스까지 갖춰 거절할 수 있다.
- 나는 쉰이 넘어 대학원 공부와 일을 다시 시작했다.
- 나는 때때로 이기적으로 살며 충분히 나를 위하고 사랑

한다.

- 나는 쉬어야 할 때 무작정 내려놓고 배 째라 하며 나를 돌본다.

- 나는 잘하지 못하는 것이라도 뒤로 빼지 않고 할 수 있는 만큼 하고 쿨하게 돌아설 줄 안다.

15분 글쓰기:

자신의 목록에서 한 가지 주제를 골라 떠오르는 대로 글쓰기

목록 중 한 가지를 골라 본격적으로 자긍심을 드러내고 자랑해보자.

신나게 글쓰기 팁

- 나의 팬에게 우쭐대며 말하듯이 쓰기
- 나에게 보내는 칭찬 편지 쓰기

이상하게 마음이 가벼워지네!　　　　　포미포유

난 네가 자랑스러워! 참으로 난관이 많았잖니. 포기하고 싶었던 순간들이 굽이굽이 있었는데 잘 헤쳐왔구나. 나는 그저 부모님의 착한 딸로 열심히 살아온 것인데, 그것이 나로 살게 하지 못한 것이었다고 자각한 순간, 억울해하고 거부하며 몸부림치고 반항도 했지. 그러나 어느 순간 그것이 너의 한계이고 너의 삶이라는 것을 이해하고 받아들이게 되어서 다행이야. 비록 착한 딸의 덫이었을지언정 그것 때문에 너의 삶을 개척한 면도 있었으니까. 그 예를 말해줄까? 너는 결혼 후 친정 부모님을 모시고 살았지. 돌아가신 후에는 부모님 제사와 추도식을 드리며 명절에도 시댁에 내려가지 않았잖아. 그렇다고 시댁 식구들과 의절한 거냐, 아니지. 사이가 좋았지. 내가 왜 친정 부모님과 지내야 하고 추도식을 해야 하는지 시부모님께 말씀드리고 허락받은 거지. 나의 말발은 좀 먹어준다고나 할까? 부드럽고 설득력 있는 말솜씨가 나긋하고 듣기 좋은 목소리를 타면 굿이야! 어머 지금 장점이 줄줄이 나오네. 말솜씨, 차분한 목소리, 당당함! 아이를 위한 희생이니 남편을 위한 헌신이니 하며 나를 갈등과 번민 속으로 옭아매려 해도 나는 나를 포기하지 않았음을 칭찬해. 오히려 더 성장하려고 했지. 맞아 그래서 오십 넘어서 대학원에 진학하고, 다시 관료 공무원 조직에 입직하고, 비록 1년짜리 계약직이지만 내 생계를 위해 경제활동을 해보며 진정한 자아실현을 경험 중이지. 잘 쫄고 남 앞에서 말하는 것이 두렵고, 가끔은 내가 무슨 말을 하는지 나도 모를 때가 있어서 당황스럽지만, 그런 어설픈 면이 나의 매력이기도 하지. 일을 잘해야겠다는 마음이 앞서서 말투가 지시적이고 딱딱하기도 하고, 화가 나면 상대방을 몰아치기도 하지만 곧장 반성도 잘하고 미안하다고 인정하며 다시 잘 지내자고도 할 수 있지. 암튼 난 처세술인가, 그게 없지는 않은 것 같아. 여기까지 쓰니 자랑인지 변명인지 모르겠는데, 이상하게 마음이 가벼워지네.

이것도 다행이다. 평생 겸손과 진지 모드로 나를 힘들게 했는데, 나를 가볍게 하고 스스로 인정하는 방법을 알아가고 있는 것 같아서 이 점도 자랑해!

알아차림 요약하기: 강점 발견하기

15분 글쓰기를 마쳤다면 아래 빈칸을 채우며 문장을 완성해 보자.

1. 글을 쓰고 난 후 지금의 감정은?

2. 글에 나타난 나의 강점들은?

예)

- 지금 나는 행복과 감사함을 느낀다.

- 당당함, 책임감, 두려워도 변화하려고 노력하는 자세.

대단하지 않아도 괜찮다

삶은 구조를 세우는 것이다.

삶을 사랑한다는 것은

허약한 우리 삶의 구조를 사랑하는 것이다.

✧

이성복

"저는 아이큐가 90이에요. 보통이죠."

몇 년 전 고등학생을 대상으로 하는 치유 강의에서 어떤 친구가 한 말이다. 그 친구는 자연스럽고 편안해 보였다. 나는 솔직히 조금 놀랐다. 자기 아이큐가 높다고 뻐기는 사람이나, 아이큐가 낮다며 의기소침해하는 사람들은 여럿 봤어도, 평균 범위에서도 낮은 축에 속하는 90이라는 결과에 자의식 강한 고등학생이 이렇게 담담하고 의연하다니! '보통'이라고 선수 치면서 열등감을 방어하려는 건 아닌가 싶어 물어봤다.

"응, 맞아. 보통이지. 너는 너의 아이큐가 평균이라는 게 어때?"

"어떻긴 뭐가 어때요? 평균이면 됐죠, 뭐."

그 친구의 미소와 눈빛과 말투 모두 진실로 느껴졌다. 부끄러움이 올라왔다. 평소에 난 내 아이큐가 평균 이상이라는 걸 좋게 생각했기 때문이다. 치유 강의를 하러 갔다가 오히려 배우고 왔다.

대학생들이 휴학하는 이유 중 상당 부분은 자신감이 떨어져서라고 한다. 본인이 좀 잘난 줄 알았는데 막상 대학에 와서 보니 잘난 애들이 너무 많아 기가 꺾인 것이다. 혹은 아무리 열심히 노력해도 타고난 지능과 재능이 뛰어난 친구를 따라잡을 수 없어 질투심에 괴로운 경우도 많았다. 그러면서 도대체 이 전공이 맞는 건지 의심하고, 생각할 시간을 가지고 싶어지게 된다. 이런 경우 나는 대체로 그 이유 있는 갈등의 시간을 환영하고 지지하는 편이다. 이들은 지금 자기개념self-conception, 정체성, 자존감이 모두 부정적인 방향으로 흔들리는 중인데, 이런 시간을 직면하는 것 자체가 성숙의 조건이거니와 빨리 겪어보는 것도 나쁘지 않기 때문이다. 끊임없이 비교당하고 경쟁해야 하는 타인들을 떠나 자신과 만나는 시간을 가지면서 현실자아와 이상자아의 간격을 줄일 수만 있다면, 잠시의 멈춤은 더 멀리 뛸 수 있는 성공적인 도움닫기가될 수 있다. 물론 자신의 한계와 강점을 또렷하게 직면하게되는 때에만 그렇다.

예술대에서 강의하던 시절, 학교를 떠나는 친구들에게 혹시 '작가병'이나 '예술가병'이 깊진 않은지 살펴보라고 귀뜸하곤 했다. 더 잘하고 싶고, 성공하고 싶은 욕망은 자연스럽고 건강한 것이다. 하지만 평범함을 거부하거나 하찮게 여기고 있지는 않은지, 특별하다는 평가를 받지 못하면 가치 없다고 치부해버리진 않았는지 자문해보라는 의미였다.

대단한 삶을 좇을까, 대단찮은 삶을 끌어안을까

사회생활의 경우도 비슷하다. (대인관계에 큰 문제가 없는데도) 자신감, 자기효능감, 자존감이 오랫동안 바닥에 머물러 있었다면 어느 순간 퇴사가 꿈이 된다. 안타까운 건 이렇게 자신감이 바닥을 치는 사람들의 대다수가 자기의 능력을 걱정할 정도로 그렇게 무능하지 않다는 거다. 그들에게 일을 못하니까 나가라고 하는 사람은 없고, 대개 평균 이상의 실적을 내고 나쁘지 않은 평가를 받고 있다. 그런데 그들 자신이 최고나 상위권이 못 되는 게, 누구보다 뒤처지는 게, 자신의 과거 영광의 순간들에 못 미치는 게, 내가 인정받고 싶은 그 사람이 나를 인정해주지 않는 게 용납이 안 되기 때문에 괴롭다.

　물론 이런 괴로움이 성장과 발전의 동력이 되기도 한다. 하지만 그 동력은 오래갈 수도 없을뿐더러, 이렇게 결핍감과 우월감이 행위의 동기가 되는 건 좋지 않다. 순수한 성공의 욕망이나 일 자체에 기쁨을 느껴서가 아닌, 실패의 두려움으로 움직이기 때문이다. 실패를 두려워하는 우리의 이상자아는 우월감에 취해 있다. 그 때문에 이상자아에 못 미치는 현실자아는 열등감을 가질 수밖에 없다. 즉, 우리가 더 잘난 내가 되지 못해 괴로운 이유는 이상자아의 우월감 때문이다. 이 간격을 줄여야 한다. 이상자아와 현실자아, 내가 보는 나와 남이 보는 나의 차이가 적을수록 건강하다. 그래야 자신과 남을 들볶지 않고, 환상이 아닌 현실을 살 수 있다.

두려움은 무거운 에너지여서 그 힘을 지속해서 쓰기가 힘들다. 대신 자신의 한계와 강점을 모두 떳떳하게 인정하고 수용할 때 정서적인 안정 속에서 지속적인 성장과 발전도 가능하다. 대단한 삶을 좇는 일은 젊은 사람들에게만 해당되는 것도 아니다. 대부분 나이가 들면서 세상사가 내 마음처럼 되지 않고, 내가 그렇게 잘나지 않다는 걸 받아들이게 된다. 그런데 사십이 되고 오십이 되도 여전히 그저 그런 보통의 삶을 살고 있는 것이 불만족스러운 사람들 역시 많다. 혹시 당신은 "이 정도는 보통 아니야?"라는 말을 자주 하는가? 그렇다면 당신은 완벽주의적인 성향이 강해 웬만한 것에 만족하기가 힘들지도 모르겠다.

역으로 무엇에도 뛰어들지 않는 것도 경계해야 한다. 어떤 것에도 열망과 소망이 없다면 이 점도 반드시 생각해봐야 한다. 이들은 욕심 자체가 없는 것처럼 보이지만 사실 이런 경우 자기 자신도 모르게 더 강렬한 욕망을 숨기고 있는 경우가 많다. 어느 순간 그 강렬했던 욕망이 좌절된 나머지 고꾸라진 그 자리에 머물러 있는 걸 수도 있다. 그 무엇이 되지 못할 바엔 그 무엇도 되지 않겠다는 자포자기의 고집을 피우면서, 또는 내가 도달할 수 없는 것을 추구하며 내가 할 수 있는 것마저 놓치면서 말이다. 자신에게 정직해지자. 해야 할 인생 숙제를 회피하고 있는지 생각해보자. 인생의 숙제는 하나다. 나로서 내 삶을 사는 것이다. 이번 장에서는 대단한 삶을 좇을 때 힘든 점과 반대로 대단찮은 삶을 끌어안을 때 얻을 수 있는 것들을 생각해보려 한다.

자신을 좋아하는 사람들의 특징

자기개념에 대해 알아보자. 자기개념은 정체성과 비슷한 개념이라고 이해해도 무관하지만, 정체성이 자기개념보다 좀 더 포괄적이고, 쉽게 변하지 않는다. 자기개념이 긍정적이면 정체성도 긍정적으로 따라간다. 정체성은 아래에서 자세히 다룰 것이니 일단 자기개념이 무엇인지부터 살펴보자. 자기개념은 인본주의 심리학자 칼 로저스가 규정했다. 자신이 가지고 있는 일종의 자기 이미지로, '나는 어떤 사람인가'에 대한 답이라고 보면 된다. '나는 키가 커', '나는 수학을 잘해', '나는 친구를 잘 사귀어' 같은 내용이다. 신체적, 사회적, 정서적, 지적 영역을 포함한다.

자기개념은 먼저 자신이 스스로 관찰한 내용으로 만들어진다. 부모와 선생님 같은 중요한 타인의 피드백으로도 형성된다. 또한 자신과 타인을 비교하면서 만들어지기도 한다. 나의 자기개념이 어떻게 만들어진 것인지 점검해보는 일은 중요하다. 외부의 목소리가 내면화되어 있을 수 있기 때문이다. 나를 향한 타인의 판단을 자기이해의 재료로 쓸 순 있지만, 그것을 받들고 살 필요는 없다. 혹시 타인의 메시지가 나를 구속하고 있다면 당장 벗어던지자.

또 생각해봐야 할 것은 자기개념 안에 어떤 내용을 담고 있느냐이다. 내용이 단순할수록 스트레스에 취약하고 심리적인 유연성이 떨어진다. 자기개념이 단순하다는 건 한쪽 면만을 강력하게 믿고 있거나 주장한다는 뜻이다. 예를 들어 '나는 책임감이 강한 사람'이라는 자기개념을 갖고 있다면, 누군가 나의 책임감을 놓고 부정적인 판단을 할 때 상처를 입게 될 테고, 심지어 책임을 회피하고 싶은 자연스러운 마음이

들 때조차 자책의 목소리가 커지게 된다. 그러면서 책임감 없는 타인을 보면 속에서 천불이 인다. 단순한 자기개념을 고집할 때 일어나는 일이다. 따라서 자기개념은 유연하게 갖는 것이 좋다. 그럼 이렇게 고쳐보겠다.

'나는 평가받는 일이나 공적인 일에는 책임감이 강하지만, 사적인 관계에서는 느슨해지는 경향이 있다.'

어떤가. 마음이 한결 편안하고 가볍지 않은가. 훨씬 더 인간적이며 솔직하게 느껴진다. 이렇듯 자기개념이 유연할수록 자기이해의 폭이 넓고 자기수용이 잘 된다고 볼 수 있는데, 이는 자신을 좋아하는 사람들의 특징이기도 하다.

자기개념은 대인관계에도 중요하게 영향을 끼친다. '나는 봉사하고 희생하는 사람'이라는 자기개념을 갖고 있다면, 안됐지만 세상 살기 정말 힘들어진다. 그 희생이라는 것이 순수한 이타성에서 시작된 거라고 할 수 없는 경우가 많을뿐더러(유기체의 본질이 이기성이므로), 희생에 대한 보상이 돌아오지 않을 경우 자신이 알고 있던 것보다 훨씬 자기중심적인 자신을 만나게 되면서 크게 당혹스러워질 수 있다. 물론 이렇게 '내가 이 정도로 자기중심적이었구나' 하고 직면하면 다행인데, 이것도 자기성찰을 해야 가능하다. 만약 자기성찰이 없다면 분노가 깊어지고 피해자 정체성만 강해질 수 있다. 그래서 '나는 희생하는 사람'이라는 자기개념을 고수한다면 타인에게 본보기가 되는 훌륭한 모습만 보이려고 하면서 온갖 고생을 다 하든지, 기대한 피드백이 돌아오지 않을 땐 별안간 화를 낸다든지, 치사한 방법으로 삐딱한 행동까지 할 가능성이 크다. 그러니 원만하고 친밀한 관계 맺기를 위해서라도 유연한 자기개념을 갖도록 노력해보자.

유연한 자기개념과 자신을 합리화하는 것을 구별할 필요가 있다. 유연한 자기개념은 자신의 부족한 점을 인식한 상태에서 따뜻하게 끌어안는 태도이고, 자기합리화는 자신의 단점이나 잘못을 인정하지 않고 회피하는 태도다. 즉 자기합리화란 방어기제의 하나로, 죄책감이나 불안, 수치심 같은 감정을 억누르거나 책임을 회피하기 위해 자신의 행동을 정당화하거나 포장하는 것을 말한다. 흔한 예로 이솝우화의 〈여우와 신 포도〉에서 "저 포도는 너무 시어서 맛이 없을 거야"라고 말하는 심리다. 자기합리화는 인간의 본성이기에 자기합리화 좀 한다고 해서 자책할 필요는 없다. 인간은 합리적인 존재라기보다 자기합리화를 하는 존재에 가까우니까 말이다. 합리화하는 나를 직면하면서 자기공부의 좋은 재료로 쓰면 된다. 나의 행동이나 삶에 책임지지 않으려는 태도가 있지 않나? 불편한 감정을 회피하는 습관이 있지 않은가? 자신을 향한 끊임없는 의심과 질문을 통해 자각의식을 키워가면 된다.

나를 알아야 나를 초월할 수 있다

긍정적이고 유연한 자기개념을 갖게 되면 긍정적인 정체성이 형성된다. 자기개념이 '나는 어떤 사람인가'에 해당한다면, 정체성은 '나는 누구인가(나는 무엇인가)'에 닿아 있다. 자기개념보다 넓은 의미이자 쉽게 변하지 않는 정체성에 대해 살펴보자. 개인정체성의 이해를 통해, 보편적 인간으로서의 정체성으로 확장될 때 '나'라는 존재에 덜 연연하게 된다. 나를 알아야 나를 초월한다. 이것이 자아초월이자 영적인 성숙이다.

인간의 자기정체성에 관한 철학적 명제는 '나는 생각한다. 고로 존재한다'라고 주장한 데카르트에서 시작되었다고 볼 수 있다. 그는 인간 개인이 세상에서 누구와 어떻게 사는지는 상관없이, 개인의 사고 그 자체로 존재와 정체성이 성립된다고 봤다. 이후 헤겔이 말한 정체성의 정의에서는 '힘'이라는 개념이 포함되는데, 인간은 항상 다른 존재와의 권력관계를 통해서만 정체성이 성립된다고 보았다. 확실히 데카르트보다는 심리학적으로 더 수긍이 되는 내용이다. 이후 더 구체화된 정체성의 정의는 니체에게서 발견된다. 니체는 객관적인 정체성이라는 것 자체를 부인했는데, '나는 무엇인가(누구인가)'라는 질문의 답은 문화적, 역사적, 종교적 믿음 같은 사회적 조건을 통해 만들어진다고 보았다. 이렇듯 정체성은 심리학자뿐 아니라 철학자들에게도 중요한 주제였다. 그 정의도 점점 사회적 요소가 중시되고, 추상적인 개념에서 점점 구체화되는 양상으로 변해왔다.

정리하자면, 니체가 말한 정체성 성립의 중요한 요인인 사회적 조건이라는 것 또한 헤겔이 말한 권력 구조의 영향에서 벗어나기는 힘들다. 따라서 우리의 정체성이라는 건 니체의 말대로 변하지 않는 게 아니라, 시대정신에 따라 그 사회에서 내가 어떻게 드러나는지, 어떤 관계를 통해 어떤 대우를 받는지에 따라 달라지기 마련이다. 요즘은 인터넷의 발달로 인해 정말 많이 가진 타인들, 너무 잘난 타인들, 특별한 사랑을 받는 유명인들의 삶을 쉽게 볼 수 있게 되었다. 그러다 보니 상대적으로 우리 자신과 삶이 조금 초라하게 느껴지는 것도 사실이다. 그러면서 정체성도 함께 취약해지거나 부정적으로 변해가기 쉽다. 그렇기 때문에 탄력적으로 움직인다는 정체성의 개념을 인지하면서 동시에 부정적인 정체성에 휩싸이지 않도록 자신을 지킬 필요가 있다.

정체성의 유형은 크게 (언어, 종교 같은)문화정체성, 인종정체성, 민족정체성, 개인정체성으로 구분할 수 있다. 그중에서 우리는 개인정체성을 집중해 살펴볼 것이다. 개인정체성은 개인적 수준-집단적 수준-보편적 수준으로 일련의 순차적인 발달과정을 거친다. 가장 먼저 고유성과 독자성을 중시하는 개인적 수준의 정체성 발달은 청소년기를 생각하면 된다. 어떤 인간도 똑같은 유전자를 갖고 있지 않다는 생물학적 특성과 어떤 인간도 같은 경험을 하지 않는다는 경험적 특성에 주목한다. 이때 에너지는 '나'에 집중된다. 그래서 청소년기에 들어 자아가 발달하며, 정체성에 대한 고민도 시작된다.

그다음은 집단적 수준의 단계이다. 각 개인이 어떤 측면에서 다른 사람들과 비슷하다고 보는 것이다. 자신과 유사하다고 여겨지는 집단에서 안전감을 느끼고, 소속감이 중시된다. 반대로 자신과 다르다고 여겨지는 집단은 무시하거나 경계하게 된다. 그래서 자신에게 중요한 무엇(신체, 정신, 경제적 수준, 소유물 등)과 차이가 크게 나는 다른 존재를 불편해하거나 혐오하기도 한다.

마지막 발달과정인 보편적 수준은 인종과 성별을 떠나 호모사피엔스로서 인간의 보편적 특성으로 확장된 단계를 말한다. 어떤 인종이든, 남자든 여자든, 아이든 노인이든 모든 인간은 99.6~99.9퍼센트 동일한 인간게놈을 갖고 있다. 호모사피엔스에서 좀 더 확장하면 유인원까지도 동일성을 가질 수 있다. 인간과 침팬지의 DNA 차이는 1~1.6퍼센트에 불과하다. 이렇게까지 확장하면 나는 인간인 동시에 동물이기도 하다는 점과 나 자신의 '짐승성'까지도 받아들일 수 있게

된다. 인간이 그렇게 대단하지도 않은데, 나라는 존재는 오죽
할까.

　나 자신이 귀하지 않거나 중요하지 않다는 말이 아니다.
'나'에 얽매여 있지는 않은지 돌아보자는 뜻이다. 물론 자기
연구를 할 때는 매섭도록 '나'에게 집중할 필요도 있다. 하지
만 매 순간 매사에 '나'를 주장한다면, '나'라는 좁은 세계, 혹
은 '나'라는 감옥에 갇히는 격이 될 수 있다. 상처를 쉽게 받
는 것도 지나치게 '나'에 매여 있기 때문이다. '남'만 있고 '나'
는 없다고 하는 사람들의 깊은 내면을 보면 모순적으로 온통
'나'밖에 없는 걸 발견할 수 있다. 나는 상처받으면 안 되고,
나는 바보 같아 보이면 안 되고, 나는 이해받지 못하면 안 되
고, 나는 무시당하면 안 되고, 나는 고통받으면 안 된다 등등.

　개인정체성의 발달과정 중 개인적 수준에서는 특히 부모
와 친구 같은 중요한 관계와 그 관계를 통해 습득한 메시지가
매우 중요한 영향을 끼친다. 쉽게 아물지 않는 상처 또한 이
단계에서 가장 많이 받게 되며, 우리 무의식이 치유와 회복을
원하기에 같은 곳에 계속 머무르면서 비슷한 패턴의 관계를
맺으며 맴맴 돌게 된다. 상처받은 그곳에서 사랑과 영광을 얻

고 싶어 하는 것이다. 하지만 이제 좀 멀리 봐도 좋겠다. 우리는 모두 고유하고 독자적인 개체이다. 동시에 고만고만한 인간들이다. 지나치게 '나'에 갇혀 있지 않은지 돌아보고 대단하고 싶은 나의 욕구를 알아주되, 그게 전부가 아니어도 괜찮다고도 일러주자. 2차원 평면에 사는 사람은 높이 개념을 알 수가 없다. 심지어 2차원에 있을 때는 1차원밖에 볼 수 없다. 3차원 입체에 사는 사람은 높이의 차원에서 평면을 볼 수 있다. 의식의 확장은 이렇게 차원을 높이는 것을 뜻한다.

어떤 면에서 우리가 환상을 좇고 있음을, 꿈에서 깨어나지 않으려 함을 자각한다면 어떤 일이 벌어질까. 가슴에 품었던 열망과 소망이 사라져 인생이 허무해질까? 그렇지 않다. 여전히 욕망과 포부를 지니지만 그것 때문에 괴롭지 않을 것이다. 이루어지면 기쁘고 감사하지만, 그러지 못했다고 해서 주저앉지 않을 것이다. 부족한 점을 보완해서 다시 현실적인 계획을 세우게 될 것이다. 즉, 되는 것과 안 되는 것을 분별해가며, 현실적인 성취를 이룰 수 있다. 현실과 다툴 때 우리는 항상 지게 되어 있다. 할 수 있는 것에 몰입하면 기쁨의 에너지가 커진다. 자기긍정감이나 자존감도 향상되며, 삶의 만족도도 높아진다. 우리를 응원한다.

질투라는 감정 사용법

'중간'과 '보통'과 '평범'이란 단어를 '결함 있는', '부족한', '나쁜', '바람직하지 못한', '이류의', '실패한'이라는 뜻으로 해석하고 있진 않을까? 완벽주의인 내가 나에게 너무 심한 것을 요구하고 있진 않을까? 특별하지 않아도 괜찮다. 대단하지 않아도 괜찮다. 지금 내가 할 수 있는 것, 이미 하고 있는 보통 정도의 모든 것을 기꺼이 허락하고 즐겨보자. 그러기 위해 질투라는 감정을 볼 필요가 있다. 질투가 있는 곳에 나의 욕망이 있기 때문이다.

　대개의 종교는 욕망을 없애야 할 대상으로 본다. 이 때문에 질투는 세계의 모든 종교에서 죄악으로 금기시하는 가장 천대받는 감정이며, 우리를 도덕적 심판에 가두는 감정이기도 하다. 질투하는 자신을 부끄러워하고, 질투하는 사람을 싫이히고, 질투받을까 봐 두려워한다. 하지만 질투만큼 우리의 공격성과 숨겨진 야망을 알려주는 감정은 없다.

"질투하는 사람으로서 나는 네 번 괴로워하는 셈이다. 질투하기 때문에 괴로워하며, 질투한다는 사실에 대해 자신을 비난하기 때문에 괴로워하며, 내 질투가 그 사람을 아프게 할까 봐 괴로워하며, 통속적인 것의 노예가 된 자신에 대해 괴로워한다."

롤랑 바르트는 질투하는 자신에 대해 다시 이렇게 솔직하게 표현했다.

"나는 자신이 배타적인, 공격적인, 미치광이 같은, 상투적인 사람이라는 데에 대해 괴로워하는 것이다. 질투만큼 사람을 유치하고 참담하게 만드는 것은 없다. 그래서 말인데, 난 세상에서 제일 유치한 자식일지도 모른다."

질투와 정정당당히 대면하자. 질투를 없애려는 게 아니다. 억압한다고 없어지지도 않는다. 우리가 질투를 보려는 이유는 내 안에서 다뤄지길 기다리고 있는 실망, 슬픔, 상실을 만나기 위해서다. 질투는 갈구하는 감정이기에 우리 자신의 진짜 모습을 다각도로 보여준다. 질투하는 자신을 부족한 사람이라고 느낄 필요가 없다. 질투에서 해방된 것을 이상적인 상태, 바람직한 일로 간주하지 마라. 선승처럼, 도덕군자처럼, 다 초월한 사람을 흉내 내며 질투를 내치지 말아야 한다. '질투하는 나'를 허용할 때 '보통의 나'도 진심으로 받아들여질 수 있다.

우리가 질투를 물리치고 싶어 하는 이유는 공포, 두려움, 열등감, 수치심 같은 감정을 외면하고 싶기 때문이다. 질투심을 제거하는 건 내 안의 일부를 없애는 것과 같다. 나의 질투를 바로 보고, 나의 욕망과 두려움에 진솔해지자. 욕망이야말로 내 힘을 자발적으로 사용하게 하는 동력이다. 욕망에 떳떳하고 당당해져라. 이 과정을 거쳐야 점점 이상적인 것과 바람직한 것의 사슬에서 벗어나 보통의 자유를 누릴 수 있다.

질투를 허락하는 동시에 다음의 지침도 챙겨두면 좋겠다. 많은 사람이 가진 것이 내게는 없어 슬퍼진다면 당신이 가진 강점에 대해 수시로 생각해보자. 자신과 자기 삶에서 만족할 만한 것이 무엇인지도 잊지 마라. 질투 나는 사람이 가진 '좋아 보이는 것'을 무작정 좇지 마라. 그것을 향해 내달리기 전

에 자신에게 진짜로 필요한 것이 맞는지, 나에게 정말 중요한

것이 무엇인지 스스로 질문하고 확인해보는 게 먼저다.

보통을 허락하는 글쓰기

당신은 가능한 일과 바람직한 일 하나를 선택해야 할 때 어떤
걸 선택하는가? 우리는 대체로 가능한 일보다는 바람직한 일
을 택한다. 그러면서 능력이 안 되거나 하기 싫어지는 마음의
부침을 경험한다. 우리가 생각하는 바람직한 일이라는 게 사
실 거의 보통 이상의 수준이거나 완벽에 가까운 것들이지 않
은가. 게다가 그것을 해내기 위해서는 나의 욕구와 감정을 상
당히 희생해야 한다. 그래서 결국 피해의식이나 억울함 등으
로 또 괴로워진다. 우리는 보통 이상의 것을 추구하고 달성하
기 위해 애쓰느라 자신의 영혼을 돌보는 일은 뒷전으로 밀쳐

둔다. 우리에게 질투하는 보통의 인간임을 허락하자. 나의 욕망을 낱낱이 알아주고, 나의 높은 기준에 조금 못 미치더라도 너그럽게 지금 이대로의 나를 인정해주는 연습을 해보자.

목록 쓰기: 마음껏 질투하기

최소한 20개 이상 써보고, 계속 업데이트한다. '후진 나', '덜 된 나', '못난 나'로 웃으면서 가볍게 써라. 쓰고 나면 '아이고, 이런 게 갖고 싶었구나' 하면서 나 자신에게 너그러워진다.

예)

- 친구가 신랑한테 꽃을 선물받았다고 자랑할 때.
- 같은 흙수저로 태어났는데, 김 대리네 사는 동네가 그린벨트 풀려서 금수저 됐을 때.
- 경쟁자가 모임에서 주목과 칭찬, 사랑, 인정을 받을 때.
- 내 친구가 남편과 시댁 잘 만나서 좋은 차 끌고 다닐 때.

- 나보다 많이 먹는데 몸매는 훨씬 좋은 친구를 볼 때.

- 자녀들과 여행도 다니고 화목하게 지내는 친구를 볼 때.

- 좋아하는 친구가 나보다 다른 친구랑 더 친하게 지낼 때.

- 하고 싶은 일 하면서 풍족하게 사는 사람들을 볼 때.

- 나보다 영적으로 의식이 진화한 인간들을 볼 때.

- 내가 아무리 노력해도 안 되는 것을 가진 이들을 볼 때.

- 재능도 뛰어나고 인물도 좋고 인성도 좋은, 다 갖춘 인간이
  유머러스하고 겸손하기도 할 때.

빈칸 채우고 목록 쓰기: 대단하지 않아도 괜찮아

_____

_____아(이름), _____ 하지 않아도(못해도) 괜찮아.

너에게 _____를 허락해.

예)

- 착한 딸이 되지 못해도 괜찮아. 너에게 책임과 중압감을 조

금은 내려놓을 권리를 허락해.

- 완벽한 엄마가 되지 않아도 괜찮아. 네가 훌륭한 엄마보다 평범한 인간임을 허락해.
- 가벼운 몸무게를 유지하지 못해도 괜찮아. 너에게 퇴근 후 정다운 친구와 함께 먹는 삼겹살과 소주를 허락해.
- 조금 게으르게 생활해도 괜찮아. 너에게 좀 더 편안하고 느긋한 삶을 허락해.

15분 글쓰기:

자신의 목록에서 한 가지 주제를 골라 떠오르는 대로 글쓰기

손과 금반지   꿀

어제 세 살짜리 조카의 손을 잡았다. 열 손가락 가득 돌

반지를 끼고 있던 조카의 손. 나는 서른 살이나 많으면서 그 아이에게 질투가 났다. 며칠이 지나 언니의 프로필 사진 속에 있는 조카의 그 손을 볼 때도 마음이 부글거렸다. 조건 없이 사랑받고 싶다. 숨만 쉬어도 순금 반지 열 돈을 선물 받고 싶다. 열 손가락 가득 손이 찢어지도록 사랑받고 싶다. 하지만 내 손은 텅 비어 있다. 나는 노력해야만 한다. 그렇지 않으면 얻을 수 없다.

나는 노력하지 않는 쪽을 선택했다. 그러면서 질투한다. 이상한 일이다. 내가 갖고 싶은 것은 공부, 직업, 혹은 결혼, 아기 등등. 원하고 노력하면 얻을 수 있다. 그러면 그들을 질투하지 않아도 될 뿐만 아니라 나는 성장하고 새로운 삶을 얻게 될 것이다. 그러나 노력해도 얻을 수 없는 것이 있음을 알았다. 내 노력이 부족했다고 인정하고 싶지는 않다. 나는 그저 최선을 다했다고 스스로 속인다. 그래서 얻은 것은 책임을 지지 않아도 된다는 것.

나는 내 인생에 책임질 준비가 안 되어 있다. 이유는 무엇일까. 아니 준비가 안 되어 있다기보다는 애초에 그럴 생각이 없는 걸지도 모르겠다. 누가 내 인생을 책임 지도록 내버려 두고, 그러다 잘 안 되면 남 탓하는 것. 우리 집의 풍습이라고도 할 수도 있다. 스스로 책임지지 않는, 개선하지 않아도 되는 쉬운 방법. 나는 이렇게 살아가고 있구나!

나는 자발적으로 내 인생의 주인공 자리를 남에게 주었다. 주인공이란 모름지기 풍파를 겪고 슬픈 고난을 겪어야 하니까. 나는 거기서 비켜나고자 조연이 되었다. 말 많은 조연. 언제나 맞는 소리를 지껄이지만 중요한 순간에는 사라져버리는 조연. 내 인생의 주인공이 되려면 나는 고통을 담담히 겪을 각오를 해야 한다. 일일 드라마의 여주인공처럼 질투받고 배신당해도 쓰러지거나 포기하지 않고 기어코 살아낼 각오를 해야 한다. 나는 그럴 준비가 되어 있지 않았고 삶을 포기하려 했다. 살면서 겪는 부정적 감정들이 무서워서 그러려고 했다. 의연하게 살아가야 한다. 슬픔도 기쁨도 마냥 누리면서, 그것들에 지나치게 빠져들지 말고 의연하게 만나야만 한다. 감정은 내가 아님을 알고 있다. 그리고 이제는 내가 하고 싶은 것이 있다면 그것이 꼭 잘되지 않아도 된다는 것을 허락해주면서, 묵묵히 내 길을 가야 한다.

알아차림 요약하기: 질투를 회피하면서 잃은 것과 얻은 것

15분 글쓰기를 마쳤다면 아래 빈칸을 채우며 문장을 완성해보자.

내가 질투를 회피하느라 잃은 것은 _____.

내가 질투를 수용한다면 _____.

예)

내가 질투를 회피하느라 잃은 것은 내가 진짜 바라는 것이다.

내가 질투를 수용한다면 내가 정말 원하는 것이 무엇인지를 알게 될 것이다.

8

취약성 수용하기

터놓고 말하면 자유로워진다

세상에서 가장 바람직한 것은

자신에게 진실할 수 있는 자유,

즉 정직이라고.

✧

수전 손태그*Susan Sontag*

부치지 않을 편지

나의 아들에게

"좋은 소식 나쁜 소식, 뭐 먼저 들을래?"

"당연히 좋은 소식."

"엄마, 기억해? 내가 죽을 때까지 비밀이라고 한 거. 그거 깼어."

두어 달 만인 통화로 전해 들은 너의 좋은 소식에 나는 오래 소
리 내 울었다. 너는 중학생이 되면서부터 종종 그 일을 무덤까
지 가져가겠다고 말했다. 나는 그때마다 피식 웃었지만, 내심

쿵 하고 가슴이 무너지곤 했다. 얼마나 아프면, 얼마나 부끄러우면. 그게 뭐라고 죽을 때까지 아무에게도 말하지 않겠다니. 짊어지고 있기에 너무 벅찬 짐은 오히려 내려놓을 엄두를 낼 수 없는 것처럼, 상처가 깊으면 그 찢긴 데가 너무 흉해 보일까 봐 누구에게도 보여줄 수 없는 것처럼. 너는 그랬나 보다. 그렇게 불합리한 삶의 무게를 혼자 부둥켜안고, 새살이 돋지 않을 것처럼 상처를 감추며, 끙끙 앓았나 보다.

말할 수 없는 비밀을 지니고 사는 건 너무 무겁다. 입 밖으로 꺼내지지 않으니 그 무게가 덜어지지 않는다. 말로 하기 힘들다면, 눈물로라도 사는 일의 중량을 덜어내면 좋으련만. 그게 안 되거나 못 하는 사람이라면 고스란히 그 비밀의 무게를 제 삶의 형량으로 쌓아야 한다. 나도 해봤다. 내 사랑을 말할 수 없었다. 지금 와 보면 그 사랑이란 것도 수많은 사랑 장르 중의 하나였으나, 그게 무슨 죄인 것처럼 말하지 못할 때가 있었다. 대신 일기를 썼다. 어디에라도 뱉어내야 했기 때문이다. 일기장은 다 받아주었다. 기우는 사랑에 발뒤꿈치까지 녹슬었던 비참함도, 질투에 창자가 뒤틀리도록 퍼붓던 저주도, 내게 나쁜 년이라고 손가락질하지 않으며 받아줬던 일기장이 있었다.

그런데 너는 일기도 쓰지 않았댔다. 도대체 어디에 그 답답함을 풀어놓았을까. 풀어 헤쳐지지 않은 그 응어리들이 얼마나 빽빽하게 맞서 부대끼고 있었을까. 넌 왜 일기도 쓰지 않았니, 넌 왜 그걸 지금 얘기하니, 그게 뭐라고 왜 말을 못 하니, 넌 왜 네가 잘못한 일이 아닌 걸 부끄러워하니, 넌 왜 네가 끌어안지 않아도 되는 어른들의 마음을 보살펴야 했니. 넌 자신을 부당하게 대했다.

네가 무덤까지 가져가겠다고 한 비밀은 엄마가 둘이라는 것, 그리고 배다른 동생이 있다는 것. 네가 부끄러워한 것은 정작 이 사실이 아닐지도 모른다. 진짜 말하지 못하는 건 다섯 살 때 엄마가 집을 나갔다는 것, 버림받음의 상처였을 것이다. 유독 아이스크림을 좋아한 너. 유치원을 마치고 빨리 집에 가서 아이스크림을 꺼내 먹고 싶었을 여름날, 엄마가 나타나지 않았던 날의 충격일 것이다. 그리고 할머니와 저녁밥을 먹을 때도, 다음 날 유치원 셔틀버스를 타러 같이 가야 할 때도 엄마가 돌아오지 않았다는 배신감일 것이다. 몇 밤이 지나도 엄마는 집에 오지 않았다.

"쌍년."

엄마를 향한 할머니의 모진 욕을 대신 받아내며 혼돈과 불안과 분노를 감당해야 했던 건 너였다.

너 자신을 부당하게 대했다는 말은 취소다. 나는 다섯 살인 너에게 이제부터는 한 달에 한 번씩만 만날 거라는 걸 이해시킬 수 없었다. 당연히 너는 자신을 지켜내는 법을 배워보지도 못했다. 그냥 네가 할 수 있는 일을 했을 것이다. 집에서는 할머니 눈 밖에 나지 않게 하고, 밖에서는 엄마가 집에 있는 것처럼 굴며, 엄마 없는 아이 티를 내지 않는 것으로 너를 지켜냈을 것이다. 그런 식으로 자신을 지켜야 했던 그 자체가 너에겐 가혹했다. 그땐 네가 널 지켜야 했던 게 아니라, 내가, 어른들이 널 지켜줘야 할 때였다. 그러니 너는 애초부터 아무런 잘못이 없었던 것처럼, 네가 비밀을 끌어안고 죽겠다고 한 것도 네 잘못이 아니다. 너의 잘못은 아무것도 없다. 티끌만큼도 없다.

네가 스무 살이 되던 봄, 너는 평소보다 조금 가라앉은 목소리로 좋은 소식과 나쁜 소식이 있으니 먼저 들을 얘기를 고르라고 했다. 난 좋은 거든, 나쁜 거든 너의 이야기라면 진지하면서도 심각하지 않을 마음의 준비가 되어 있었다. 그렇게 스무 해봄날의 너는 일생일대의 비밀을 깼다고 전했다. 친구들과 밤새 술을 마시며 비밀을 털어놓았다고 했다. 예전에 네가 무덤까지 비밀을 안고 가겠다고 할 때면 나는 죄책감을 감추느라 애써 웃을 수밖에 없었지만, 네가 언 땅을 기어이 뚫고 나온 새싹 같았던 그날, 나는 너무 슬프고 기뻐서 바보처럼 활짝 웃었다. 봄날엔 그렇게 웃는 거였다. 아마 그때 내 얼굴은 진짜 행복했을 거다. 15년 묵은 죄책감의 올가미가 풀리는 느낌이었다. 너의 봉인이 뜯어지길 기다리며 늘어난 모가지가 쏙 들어가는 느낌이었다. 그날도 나는 그렇게 또 나를 먼저 위로했던 것 같다.

"어땠어? 무덤까지 가져간다던 비밀을 털어놓고 나니 무슨 일이 일어났어?"

"뭔 일이 일어나긴, 그냥 똑같아."

"그전엔 하늘이 무너질 거로 생각했잖아. 하하하."

"그랬지. 근데 별일 안 일어나데, 근데 진짜 많이 울었어. 세상에 태어나서 그렇게 많이 울어본 건 처음이야."

"잘했어. 정말 잘했어."

나도 전화를 끊고 울었다. 네가 친구들과 술잔을 부딪칠 때, 떨리는 손으로 움켜쥔 술잔에 네 눈물이 뚝 떨어지는 장면이 떠올랐을까. 너는 결국 봉인을 해제했구나. 너의 상처를 바라보았구나. 떠맡지 않아도 될 짐을 내려놓았구나. 서러움과 외로움을 눈물로 꺼내었구나. "눈물로 덜어 내지 않으면 제 몸 하나도 추스를 수 없다는 것을"* 알게 되겠구나. 다행이고, 기쁘고, 안심되었다. 그리고 죽도록 미안했다.

말할 수 없는 비밀을 간직한 당신에게

　

자기 잘못이 아닌 일로 상처받은 이들이여. 그저 침묵하는 대신, 비밀을 무덤에 들고 가겠다는 시린 다짐 대신, 아이처럼 순진하게 죽을 만큼 아프고 미치도록 화가 난다고 말해라. 그래야 한다. 미워하고 원망해도 괜찮다. 죄 없는 어린 시절에 겪었던 그 일의 책임을 당신이 떠안지 마라. 없었으면 더 좋았을 그 일의 슬픔을 자신을 없애버리는 것으로 모른 척하지 마라. 없었으면 더 좋았을 그 일의 고통을 목구멍에 넣어두는

* 이정하, 시 〈슬픔의 무게〉 중에서

것으로 벌하지 마라. 벌은 잘못한 사람이 받는 거다. 이미 일어난 자신 탓이 아닌 일, 혹은 우연한 불행을 마치 필연처럼 받들고 살지 마라. 불행의 그림자가 평생 자신을 따라오도록 허락하지 마라. 우리가 껴안아야 할 것은 고통에 떨고 있는 여린 자신이지, 고통 그 자체가 아니다.

　나는 아들이 다섯 살 때 전남편과 별거를 시작했다. 아이를 제 아빠와 친할머니에게 맡기고 집을 나와 직장이 있던 합정동에 반지하 셋방을 마련했다. 한 달에 한 번, 1박 2일 동안은 내가 아이와 함께 있는 것이 별거의 합의 조건이었다. 아이가 유치원에 간 사이 전남편이 이사를 도와주었고 그렇게 별거가 시작되었다. 그날이 마침 8월 15일이라 매년 광복절이 되면 묘한 감정이 든다. 당연한 거지만 치러야 할 대가들이 만만찮았던 나의 독립기념일이기 때문이다. 위의 글에서는 내가 아이에게 이제 엄마를 한 달에 한 번씩만 보게 될 거라는 사정 설명을 못 했다고 썼는데(몇 년 전 글을 쓸 당시는 당연히 그렇다고 생각했다), 지금 생각하니 '얘기했던가?' 하고 흐린 기억에 고개가 갸우뚱거려진다. 나는 물론 아이를 버린 것이 아니지만, 아이 입장에서는 버림받았다는 상처가 새겨졌을 것이다. 사춘기 적부터 자기 비밀을 무덤까지 가져가겠다는 결심이 생겨버린 걸 봐도 그렇다. 하지만 다행히도 아들에게는 마음을 나눌 수 있는 친구가 있었고, 비밀을 터놓은 후에 소감을 말할 수 있는 내가 있었다. 아들은 결국 '발설'함으로써 비밀을 지켜야 하는 삶의 무게로부터 해방될 수 있었다. 이렇게 '말하기' 시작한 아들은 얼마 전에는 "솔직히 말하면 아빠를 원망한 적은 없지만, 엄마는 원망했다"고도 말했다. 가슴에 작은 못이 하나 박히긴 했지만, 내가 아들 가슴에 박은 못에 비할 순 없다. 그리고 그렇게 표현해준 게 참 반갑고 고마웠다.

아들은 지금 이른 결혼을 해 딸을 낳고 잘 살고 있다. 덕분에 나는 예상치 못하게 너무 빨리 할머니가 되었고, 아들 네 식구들에게 '아름다운 영혼들'이란 팀명을 붙여주었다. 우여곡절 많던 나의 어린 시절과 실패한 결혼생활을 통해, 나는 어린 시절에 받은 상처의 무게가 인생 전반에 얼마나 큰 영향을 끼치는지 너무나 잘 알고 있다. 하지만 그 상처는 분명히 치유될 수 있다는 것과 상처가 커도 얼마든지 당당하고 행복하게 잘 살 수 있음을 삶을 통해 보이는 중이다. 내가 한 일은 당신도 할 수 있다.

발설의 힘

가족체계이론에서는 가족이 균형적으로 기능하기 위해 각 구성원의 역할이 있는데, 어떤 사람이 제 역할을 하지 못하면 다른 구성원이 그 역할을 맡게 된다고 본다. 아래의 예시는 이 점을 잘 보여준다. 예시에 등장하는 L이나 M, 모두 부모가 수행하지 못한 보호와 통제의 기능을 떠맡았다. 다른 사람의 역할을 대신할 때 분노와 갈등이 생기는 것은 당연하다.

　L의 집안은 찢어지게 가난했다. 아버지는 술만 마시면 망나니가 돼서 엄마와 큰딸인 L을 두들겨 팼고, 엄마는 그의 머리채를 잡아끌고 일을 하라며 내몰았다. 아버지가 눈이라도 회까닥 돌아가는 날이면 어린 동생들을 데리고 피신 나와 남의 집 처마 밑에서 밤을 새우기도 했다. 모두 그가 10대에 겪은 일이다. 그가 살아온 이야기를 들으며 나도 참 많이 울었

다. 우리의 대화는 "오늘은 어떤 이야기보따리를 가져오셨나요?"라는 나의 호기심 어린 질문으로 시작되곤 한다. 그러면 그는 한 맺힌 넋두리, 일상의 고민거리, 관계에서 사소하게 상처받은 느낌들, 어디 가서 못 하는 자랑거리 등을 내놓는다. 내가 하는 일은 경청하며 함께 눈물 흘리거나 하하 호호 웃으면서 추임새 넣고 맞장구치는 일이다. 그러면 그는 "그렇지요? 맞지요? 그러니까 또 생각났어요" 하면서 수십 년 전의 상처를 다시 꺼낸다. 나는 했던 얘기도 입이 아플 때까지 자꾸 또 하라고 부추긴다. L은 공감적인 대화 상대가 없었고, 그런 걸 배워본 적도 나눠본 적도 없었다. 그는 이제 '말하기'를 배워가며 자기 자신을 치유하는 중이다. 수치스러웠던 기억을 꺼내 말하는 것만으로, 자신이 부끄럽지 않게 받아들여지는 것만으로도 이렇게 자유로워지고 치유될 줄 몰랐다고 말하며 말이다.

20대 중반인 M은 언니와 오빠가 있지만 거의 혼자 부모님의 보호자 노릇을 했다. 특히 심한 우울증에 시달리던 엄마가 자살할까 무서워서 잠들기 전 집 안의 모든 칼을 자기 배게 밑에 숨겨놓고 잤다고 한다. 그렇게 혼자서 엄마를 '감시'했던 때가 가장 힘들었다고 한다. 이제는 엄마의 우울증도 많이 나아졌고 언니와 오빠에게도 큰소리칠 수 있게 됐지만, 정작 자신을 잘 돌보지 못했다는 것을 깨닫게 되었다. 특히 아버지를 향한 미움과 원망의 마음을 외면했던 걸 직면하게 됐다. 그 후 알게 된 중요한 사실이 또 있다. 아빠가 엄마를 돌보는 일을 자신에게 미룬 것에 대해서만 화가 난 줄 알았는데, 그 실체는 아빠가 위험한 엄마로부터 자신을 보호해주지 않은 것에 대한 분노였다는 것이다. 자신이 얼마나 아버지의 보살핌이 필요했고, 게다가 미워만 한 게 아니라 얼마나 사랑했는지도 알게 되었다. 또한 자신의 상처를 보듬게 되면서 회피와 자책하는 성향이 강한 아버지를 이해하게도 되었다. 그녀 자신도 그랬기 때문이다. M이 상담 초기 때 아빠에게 쓴 편지와 수개월이 흘러 최근에 다시 아빠에게 쓴 편지를 소개한다. 감동적인 변화를 함께 나누고 싶다.

아빠에게 1

아빠, 엊그제도 그랬지. 엄마가 돌아가신 외삼촌이 그립다고 울 때, 아빤 엄마가 우는데도 그냥 밖으로 나가버렸어. 남은 건 나였고. 아빠는 엄마가 우는 게 듣기가 싫었던 거지. 그럼 나는? 나만 남기고 그렇게 가버리면 난 어떻게 하라고. 나보고 알아서 하라는 거야? 아빠는 항상 그랬어. 그런데 아빠는 아직도 그러고 있어. 엄마는 아빠가 달래줘야 하는 거잖아. 나는 엄마 보호자도 배우자도 아니란 말이야. 근데 나보고 하라고? 아빠는 옛날부터 그랬어. 옛날부터 아빠가 해야 했을 일을 내가 한 거야. 엄마가 술 먹고 울 때마다 옆에서 얼마나 무서웠는데. 엄마가 가슴을 쿵쿵 내리칠 때도, 엄마가 벽에 머리를 박으려 할 때도 아빤 없었어. 아빠가 해야 할 일들을 내가 한 거야. 난 아빠 같은 남자는 절대 안 만날 거야. 내가 머리가 아픈 이유는 다 아빠 때문이야. 내가 얼마나 힘들게 살아왔는지 아빠가 알기나 해? 정말 그 일들만 없었어도 나는 지금 평범한 삶을 살고 있었을 텐데. 엄마 아빠가 너무 안타깝다가도, 진짜 너무 미워. 진짜 너무 미워, 아빠가!

아빠에게 2

아빠, 우선 너무 오랫동안 거리를 두고 살아서 미안해. 좀 더 살가운 딸이 될 수도 있었는데 아빠에 대한 원망이 너무 컸던 것 같아. 아빠, 저번에 오랫동안 알아 온 대리기사가 전화를 안 받는다고 "내가 술 먹고 뭘 잘못했는지…"라고 얘기한 적 있지? 일상에서 만난 사람에게도 그렇게 정을 주다가, 어쩌다 사이가 틀어지면 자기가 잘못했다고 자책하는 아빠를 보고 많은 생각이 들었어. 아빠가 둘도 없는 형제라며 사랑했던 고모부와 삼촌들이 모두 아빠를 떠났을 때도 "내 성격이 이상해서"라며 자책했어. 그런데 나도 언니랑 오빠도 덩달아 아빠를 비난했어. 아빠가 전화를 자상하게 안 받아서 그렇다고, 아빠 잘못이라고, 아빠가 성격을 고쳐야 한다고 매몰차게 말했지. 이제 알게 됐어. 아빠 잘못만은 아니라는 걸. 그냥 아빠 성격이 그렇다는걸. 그게 너무 미안해. 아빠도 상처가 많아서 그렇다는 걸, 눈치 보고 사느라 힘들었다는 걸, 아빠가 무뚝뚝한 건 어찌해야 할지 몰라서 그렇다는 걸, 도망가는 이유는 아빠도 무서워서라는 걸. 이제 알았어. 좀 더 일찍 알았더라면 그런 얘긴 절

대 하지 않았을 텐데. 대리기사가 전화를 안 받는 것도, 고모부
와 삼촌들이 연락을 끊은 것도 그들이 무슨 사정이 있었을 거
라고, 아빠 잘못만은 아니라고 얘기해줬을 텐데. 너무 후회되
고 미안해.

아빠를 향한 M의 마음은 어느 날 갑자기 변한 게 아니다.
그리고 착한 딸 콤플렉스로 억지스럽게 아빠를 이해하는 것
도 아니다. M 스스로 자신의 분노와 슬픔을 직면하고, 자기이
해와 자기표현의 과정을 거쳤기 때문에 자연스럽게 타인이
이해되는 단계로 넘어갈 수 있었다. 자기이해와 자기표현을
못 한 채 남만 이해하고 남을 먼저 위한다면 어떤 면에서든 자
신의 욕구와 감정은 억압되기 마련이다. 따라서 억압한 만큼
보상심리와 피해의식도 커진다. 그러니 언제나, 무엇이든 내
가 먼저다. 이해도 사랑도 표현도 자신을 향해서 할 수 있으
면 남을 향해서는 저절로 된다.

내가 치유글쓰기를 처음 접했던 15년 전쯤, 스승인 박미
라 선생님의 수업에서 "말하다 죽은 귀신은 때깔도 곱다"는
이야기를 듣고는 등골이 오싹했다. 그때 알게 됐다. 내가 말

못 하고 죽은 귀신처럼 살았다는걸. 이후 나는 미친 듯이 글을 쓰기 시작했다. 밉고 화가 난 사람들에게, 사랑하고 미안한 사람들에게 부치지 않을 편지도 수없이 썼다. 그야말로 귀신 씻나락 까먹는 소리를 해가며 쓴 글들을 지금도 갖고 있다. 귀신이 쓴 글이라 그런가, 이걸 정말 내가 썼나 할 정도였다. 그때만큼 살아 있는 글을 써본 적이 없는 것 같다. 나의 치유도 그렇게 '말하기'로 시작되었다. 나의 말을 잘 들어줄 상대가 있으면 좋겠지만, 그렇지 않다면 글쓰기를 권한다. 혹은 내 이야기를 잘 들어주는 사람이 있다고 해도 글쓰기를 해보면 또 다른 나를 만날 수 있다. '아니, 내가 이런 단어를 쓰다니', '내가 이렇게까지 표현하다니', '내가 이런 생각을 숨기고 있었다고?' 하면서 깊은 내면을 만나든, 몰랐던 창조성을 발견하든, 아무튼 놀라운 경험을 하게 될 것이다. 우리의 글쓰기 노트는 가장 솔직한 내 모습을 밑도 끝도 없이 있는 그대로 받아주기 때문이다. 내 삶의 모든 순간은 말할 가치가 있다. 그리고 우리는 내면이 신나게 말할 수 있도록 장을 펼쳐주고, 곧이곧대로 들어주며 공감해줄 의무가 있다. 그게 사랑이니까.

상처받는 느낌과 취약성의 관계

취약함이라고 하면 어떤 느낌이 드는가? 부족하다? 모자라다? 나약하다? 그렇다. 우리는 취약성을 연약함 같은 것으로 오해한다. 결론적으로 말하면 취약성은 연약함과는 다른 것이다. 취약성이 무엇인지는 아래에서 살펴보기로 하고, 먼저 우리가 별로 좋아하지 않는 연약한 느낌에 대해 이야기해보자. 우리는 연약한 느낌이 들 때 어떻게 하는가? 감정을 드러내지 않기, 밝고 긍정적으로만 생각하기, 완벽해지기 위해 노력하기, 스펙 쌓기, 괜찮고 당당한 척하기, 나약해지지 않으려 이 악물기 따위의 방법들을 많이 쓸 것이다. 이 말에 동의한다면 그 자체로 당신은 자신을 보호하느라 참 많이 애썼다는 증거다. 동시에 평가와 비난에 예민한 당신은 일상의 긴장도가 높을 것이고, 편안히 쉬거나 소소한 것의 기쁨을 누리기가 힘들지도 모르겠다. 이는 우리가 진짜 연약해서가 아니라 취약성을 수용하지 못하고 드러내지 못했기 때문이다. 무덤까지 가져가겠다는 비밀을 만들어놓고 모시던 나의 아들이

나, 가난과 부모의 폭력으로 상처 입은 사연을 감추고 산 L이나, 아빠를 향한 원망과 사랑을 표현하지 못했던 M, 모두 자신의 취약성을 드러낸 후 마음은 가벼워지고, 행동은 유연해졌으며, 자존감이 높아졌고, 생이 자유로워졌다.

사람들마다 주로 상처받는 영역이 있다. 대개 돈, 학력, 지적 능력, 신체나 외모, 가정환경, 관계의 패턴이 주제가 된다. 주된 영역이 무엇이 됐든, 상처받는 느낌은 취약성과 관련되어 있다. 취약성이란 감정과 느낌의 중심이다. 무언가를 느낀다는 것 자체가 취약해진다는 뜻이다. 가장 대표적인 취약성은 사랑이다. 사랑할 때 우리는 최고로 취약해지며, 가장 인간적인 동시에 아름다워진다. 사랑이 괴로움이 되는 까닭도 취약성을 부인하거나 감추기 때문이다. 그뿐만 아니라 분노, 열등감, 수치심, 죄책감 같은 나를 힘들게 하는 감정을 차단하는 이유도 바로 취약해지는 느낌을 피하기 위함이다. 미국의 심리전문가 브레네 브라운은 많은 감정 중에서도 취약성은 특히 수치심과 깊은 연관이 있고, 불확실성, 안전, 감정 노출과도 관련된다고 보았다. 우리는 불확실한 것은 안전하지 않다고 여긴다. 그래서 안전하지 않은 곳에서(사람에게) 감정을 노출한다면 이것은 다시 위험한 일이 될 수 있는 불확실성이 커진다. 그 때문에 우리는 부정적인 감정을 표현하는 대신 입을 다무는 쪽을 선택할 때가 많다. 하지만 피하기만 하면 악순환이 된다. 악순환의 고리를 끊기 위해 돌아가는 길은 없다. 두려운 대상과 맞짱 떠 정면승부를 내야 한다. 일단 이렇게 두려움과 마주한 다음에는 두려움과 친구가 되는 것이다.

우리가 별로 좋아하지 않는 불확실성과 감정 노출은 사실 그렇게 위험하지 않다. 물론 상처받을 가능성은 존재한다. 어쩌면 당분간은 더 많이 받을 수도 있다. 하지만 우리가 상처받지 않기 위해서 사는 것은 아니지 않은가. 사는 일에 상처를 주고받는 건 필연이다. 상처받는 것보다 오히려 더 위험한 것은, 나의 욕구와 감정을 감추거나 괜찮은 척하는 자기소외이다. 일단 자기소외가 일어나면 나는 없고 남만 남기 때문에 타인에게 상처받기 더 쉬워진다. 그러니 우리가 편안하고 자유롭게 살기 위해 가야 할 길은 하나밖에 없다. 나 자신에게 이르는 길.

안 하던 일을 하는 게 쉬울 리 없다. 하지만 어렵고 두려워서 '조금 더 불편하기'에 뛰어들지 않는다면 나는 내 삶의 바깥에 머무르는 구경꾼이 된다. 두렵고 싫은 것을 피하고만 사는 게 실은 더 힘들다. 긴장이 퇴적암처럼 쌓이기 때문이다. 무언가를 피하고 외면한다는 것은 실은 막강한 그 영향력 아래 지속해서 놓여 있는 것과 같다. 우리가 할 일은 두렵지만 용기를 내보는 것뿐이다. 두려움이 사라질 때까지 기다리는 게 아니다. 심장이 터질 것처럼 무섭지만, 그 두려움을 안고 번지점프대에서 '에라' 하고 그냥 한 발을 내딛는 거다. 한 발만 내디디면 성공이다.

취약성을 나누며 우리는 연결된다

키르케고르는 '죽음에 이르는 병'은 다름 아닌 절망이라고 말했다. 가장 큰 절망은 자신이 절망에 빠져 있는 줄도 모르는 절망이다. 이때는 마치 중독 상태와 같이 고통을 느끼지 않기 위해 끊임없이 다른 곳으로 도피한다. 조금 나은 절망은 자신이 절망하고 있음을 아는 절망이다. 이때는 무의미나 덧없음,

고통의 원인이 외부에 있는 것이 아니라 삶 자체, 즉 나 자신에게 있음을 알게 된다. 하지만 절망에서 빠져나오려 노력할 만큼의 힘은 아직 없다. 키르케고르는 이들 절망에 빠진 모두가 자신을 싫어하며 자기 자신이 되지 않으려 한다고 지적하였다. 그러면서 절망으로부터 빠져나오는 방법으로 신앙을 제시했다. 신앙도 좋은 방법이지만, 신이나 종교에 대해 관심이 없거나 거부감이 있다면 다른 방법도 있다. 나는 신앙을 대신할 수 있는 것이 '연결됨'이라고 본다. 그러니까 꼭 신이 아니더라도 타인과 조건 없이 온전히 이어지는 경험이 우리를 절망으로부터 구원한다고 믿는다. 사랑, 우정, 안전한 치유 공동체 등을 통해 다시 '연결됨'을 경험하면 된다.

누군가와 연결된다는 것은 서로의 취약성을 나누는 일이다. 내가 취약해지지 않고 또 취약성을 드러내지 않으면 타인과 진솔한 관계를 맺을 수 없다. 그러면 점점 더 외로워지고, 외로움은 자존감을 떨어뜨리기도 한다. 동물 다큐멘터리에서 본 야생의 늑대 형제가 사냥에서 생긴 상처를 서로 핥아주는 장면이 떠오른다. '저들도 저렇게 하나가 되는구나' 하면서 감동했던 기억이 있다. 우리 인간도 똑같다. 타인에게 취약성을 드러내는 일은 '당신은 나의 이야기를 들을 자격이 있습니다. 나의 세상으로 당신을 초대합니다'라는 메시지를 전하는 것이다. 기꺼이 취약해지기로 한 당신은 삶에 대담하게 뛰어든 것이다. 숨죽여 살지 않기로 한 것이며, 목소리를 내고, 춤추고 노래하며 살기로 한 것이다. 축하한다.

행복한 순간에 불안해지는 이유

취약성이 꼭 부정적인 감정과 연관되는 것은 아니다. 기쁘고 행복한 순간에도 경험할 수 있다. 예를 들어 좋은 평가를 받았을 때, 승진했을 때, 아이가 곤히 자는 모습을 보고 있을 때, 사랑하는 사람과 함께 있을 때, 많은 돈이 생겼을 때 등등. 더 할 나위 없이 좋고 만족스러울 때 별안간 이 평화가 깨질까 불안한 마음이 들어본 적이 있을 것이다. 이 좋은 순간이 곧 끝나버릴까 두려울 수도 있고, 때로는 내가 이 행복을 누릴 자격이 있는지 의문이 생기기도 한다. 모두 취약해질까 봐 지레 겁을 먹은 경우이다. 그래서 기쁨을 차단하거나 행복을 물리기도 한다. 앞서 말했듯 무언가를 느낀다는 것 자체가 취약해져야 가능하니까 말이다.

오래된 드라마인데 〈내 이름은 김삼순〉의 명대사가 떠오른다. 첫사랑에 차여서 남자라면 지긋지긋해하며 다시는 사랑 따위 하지 않겠다고 다짐했던 삼순이가 결국 다시 사랑에 빠진 자신을 인정하며 괴로워하는 장면이다. 그때 돌아가신 아버지의 환영이 나타나는데, 아버지에게 눈물을 흘리며 이렇게 말한다.

"심장이 딱딱해졌으면 좋겠어, 아부지."

취약해지고 싶지 않은 마음을 이리도 문학적으로 표현할 수 있을까! 맞다. 취약성은 심장이 말랑말랑해지는 것이다. 삼순이는 사랑이라는 최고로 취약해질 수 있는 감정 앞에서 심장이 딱딱해졌으면 좋겠다는 은유로 취약해지기를 밀어내고 있는 중이다(물론 나중에는 기꺼이 취약해지기로 선택했다).

기쁨을 막거나 끊어내는 방법으로 취약해지는 일에 저항할 때 우리는 흔히 비극적 드라마를 쓰게 된다. 그러면서 최악의 상황을 피하기 위해 불행 방지 훈련이나 불행 예행연습을 하며 살게 된다. 늘 대피 훈련하듯이 사는 것이야말로 얼마나 불행한가.

실망하게 될까 봐, 상처받을까 봐, 버림받을까 봐 겁먹은 나머지 삶의 기쁨을 밀쳐내진 않았는지 생각해보자. 순간순간 생겨나고 사라지는 감정들을 기꺼이 경험할 때 삶의 기쁨도 실컷 누릴 수 있다. 그리고 남들이 듣고 싶어 할 것 같은 말은 그만하자. 대신 자기 자신에게 솔직한 말과 행동을 표현하는 연습을 해보자. 생각과 감정 같은 마음의 내용물을 쌓아두기만 하면 마음공간이 좁아진다. 밖으로 꺼내어 표현할수록 마음공간이 넓어지고, 타인이 들어올 자리도 생기며, 그래야 사랑할 수 있다.

실전 치유글쓰기

취약성을 수용하는 글쓰기

나는 이번 장의 초입에서 가장 아픈 손가락인 나의 아들 이야기를 했다. 당신이 나를 신뢰하고 친밀감을 느낀다면, 그래서 당신의 이야기를 내게 하나 들려준다면 그 이야기는 무엇인가? 뭐든 좋다. 미운 인간 욕을 실컷 해도 좋고, 고백하지 못한 짝사랑 이야기도 좋다. 혹은 몸에 있는 흉터 이야기나 외설적인 꿈 이야기, 초경이나 완경에 관한 이야기, 황홀했거나 끔찍했던 성관계 이야기, 내 인생에 일어난 별난 이야기, 최근 당신의 좋은 소식이나 나쁜 소식을 전해줘도 좋다. 까놓고 말해보자. 얼마나 가벼워지는지 직접 경험해봐야 한다. 나는 온 마음으로 들을 준비가 되어 있다.

문장 완성하기: 나의 취약성과 연결되기

───────────

글쓰기 안내자인 줄리아 캐머런은《나를 치유하는 글쓰기》에서 취약성을 드러내는 글쓰기의 좋은 점을 이렇게 말한다.

"글에서 자신의 약점을 드러내는 것은 과장하며 떠벌리는 성향을 막는다. 화려하게 가식을 떠는 것도 막으며, 현실적으로 부정하는 것도 막는다. 그래서 자신의 약점을 드러내는 글쓰기는 우리를 건강하게 해준다."

너무 오래 생각하지 말고, 바로 떠오르는 그것을 낚아채라. 당신의 직관을 믿고, 그것이 전하는 메시지에 귀를 기울여라.

1. 그렇게 위험하지 않다면, 나는
2. 정말 솔직하게 말하면, 나는

3. 그 생각을 해도 괜찮다면, 나는

4. 내가 겁먹지만 않는다면, 나는

5. 이제라도 고백한다면, 나는

6. 아직은 준비가 안 됐지만 언젠가는, 나는

7. 흔들려도 된다면, 나는

8. 독립적이지 않아도 된다면, 나는

9. 미워해도 된다면, 나는

10. 어른스럽지 않아도 된다면, 나는

15분 글쓰기:

목록에서 한 가지 주제를 골라 떠오르는 대로 글쓰기

나에게 보내는 편지

이제라도 고백한다면, 나는 내 곁에 있는

누구도 신뢰하지 않았다. 나 자신조차도.   햇살이

햇살아! 치열하게 싸우고, 시원하게 서로를 존중해주는 그런 관계를 만든 네가 대견해. 내 감정과 욕구, 그리고 두려움까지도 볼 수 있고, 말할 수 있는 관계를 네가 만들어 나가고 있다는 게 감사해. 늘 관계가 어려웠던 나였기에 친구 같은 신랑과의 관계가 주는 편안함이, 안정감이 참 좋다.

오래 외로웠던 나는 친밀감을 나눌 사람들을 찾아다녔지만, 사랑받기 위해 애쓰지 않은 날이 없었어. 그러다 지친 어느 날, 차가운 심장에서 솟아난 칼날에 관계도, 나의 기대도 서늘하게 잘리었지. 나에게 찾아오는 사랑을 의심하지 않는 날이 없었어. 누군가 있는 그대로의 나를 사랑해주길 바라면서도 그런 사랑을 온몸으로 거부했어. 내게 그런 좋은 일은 일어나지 않을 거라고. 설혹 일어난다 해도 결국엔 언젠가 나를 떠날 거라고. 그래서 상처받지 않을 만큼만 관계 맺고, 결국 한쪽이 지치거나, 파국으로 끝날 때면 '그럴 줄 알았어!' 하며 쿨한 척 정리하고. 다시 혼자인 나로 돌아갔지.

이제 모든 관계의 패턴을 바꿀 수 있도록 도와준 내 편

이 있어. 사랑도 상처도 기꺼이 끌어안을 수 있도록 도
와준 오랜 친구이자, 나의 가족인 남편. 그런 남편과
하루하루 삶을 꾸려나가는 게 참 기뻐. 어느 주말 오
후, 빈둥거리며 그의 넓적다리에 기댄 내가 참 좋다.

알아차림 요약하기: 가벼워지고 강해진 마음 확인하기

15분 글쓰기를 마쳤다면 아래 빈칸을 채우며 문장을 완성해
보자.

글을 쓰면서 흘려보낸 것은 _____ 이다.
글을 쓰면서 얻게 된 것은 _____ 이다.

예)
글을 쓰면서 흘려보낸 것은 나의 지독한 외로움을 키운, 사람
을 믿지 못하는 마음이다.

글을 쓰면서 얻게 된 것은 세상과 사람을 신뢰할 수 있는 내가

됐다는 것을 알게 된 점이다.

9

모호함 받아들이기

당위를 내려놓고 온전히 내가 되는 길

오로지 한 생각만을 지녔다면,

그 생각보다 더 위험한 것은 없다.

✧

에밀 오귀스트 샤르티에*Emile Auguste Chartier*

내면화된 목소리를 분리하라

인생은 합리적이지 않다. 합리란 무엇인가? 이론이나 이치에 합당하다는 뜻이다. 그렇다면 그 이치는 누가 만드는 걸까. 자연의 이치야 우리가 속속들이 헤아릴 길 없는 영역이니 논외로 두고, 인간 세상의 이치를 따져보자. 인간 세상의 이치는 당연히 인간들이 만든 것이다. 어떤 인간들인가? 힘 있는 자들이다. 지식, 지혜, 권력, 재력, 영성 등을 갖고 평범한 사람들에게 영향력을 행사하는 사람들 말이다. 그들은 우리가 해야 할 것과 하지 말아야 할 것들을 가르친다. 좋은 것과 나쁜 것, 옳은 것과 그른 것, 선한 것과 악한 것 등을 이분법적으로 강제한다. 그래서 해당 시대에 유용한 이치나 특정한 가치를 강제하던 부류의 힘이 사라지거나 이동하면 세상 이치도 변하곤 했다.

오해는 하지 말자. 이치라는 게 필요 없다거나 합리성을 무조건 비판하는 게 아니다. 이치와 합리성은 세상살이에 유용한 기준이다. 다만 상식으로 통용되는 이치나 합리성만을 좇게 되면 우리가 놓치는 것들이 있다는 의미이다. 기질과 성격에 따라 고유한 성질을 지닌 개체로서의 인간성을 환대하는 일, 인간 심리의 가장 솔직한 부분이자 우리 마음속의 어두운 반려자인 그림자를 끌어안는 일, 천국과 지옥 혹은 이도 저도 아닌 것이 한곳에 펼쳐져 있는 삶의 다면성을 받아들이는 일 등등 말이다. 이런 것들을 놓칠 때 우리 정신은 협소해지고 피상적인 관계를 맺게 되며 삶이 단조로워진다.

개인이 자기 삶에서 정하는 이치를 신념 혹은 가치관이라 부른다. 개인의 이치가 만들어지고 강화되는 것도 사회적 이치와 다를 바 없다. 가족 안에서 가장 힘 있는 사람, 즉 양육자에 의해서 형성된다. 따라서 우리는 '나'로 살기 위해 외부로부터 들어와 내면화된 목소리와 본래의 내 것을 분리해야만 한다. 외부에서 유입된 목소리는 대부분 양육자의 것인데, 내면화된 부모의 목소리가 자기의 가치관인 줄 알고 착각하고 살 때 우리는 자신으로부터 분리되고 소외된다. 내가 가지고 있는 '~해야만 한다' 혹은 '~해서는 안 된다'는 당위적 신념을 떠올려보자.

그것은 어디서부터 시작되었는가?

누구의 목소리인가?

그 목소리를 왜 따르게 되었는가?

그 목소리를 따르는 나는 무엇인가?

그것을 따르지 못했을 때 호통치는 목소리는 또 누구인가?

주눅 들거나 상처받는 나는 무엇인가?

칼 융은 삶의 목적이 개성화(자기실현)에 있다고 말한다. 개성화란 대극의 합일(여성성과 남성성의 통합 같은)로 가는 과정이자, 의식과 무의식이 통합된 전체정신으로서의 온전한 내가 되는 과정을 말한다. 여기서 말하는 개성이란 개체가 지닌 다른 사람과 다른 특성뿐 아니라, 다른 사람과 같은 보편적 특성을 통합한 그 사람 전체를 뜻한다. 즉 개성화는 분리와 통합을 아우른다. 외부의 것은 분리해내고, 내면의 대극성과 그림자는 통합하는 것이다. 개성화를 이루기 위해서는 필연적으로 분화를 거쳐야 한다. 분화란 집단적 특성에서 벗어나 개체의 특성을 실현하는 것을 말한다. 중요한 대상과 자신을 동일시하는 상태를 넘어서 의식적으로 차이를 만드는 과정이다. 분화가 더 많이 일어날수록 외부세계와 맺는 관계도 풍성해진다. 즉, 우리가 원래 내 것이 아니었던 감정과 생각, 신념 따위를 움켜쥐고 있을 때 개성화는 멀어질 수밖에 없다. '온전한 나'로 살 수 없다는 뜻이다. 그래서 내면화된 목소리를 분리해내는 일은 아주 중요하다. 하지만 성인이 된 우리는 부모로부터 물려받거나 사회로부터 학습된 성질이 어느새 나의 것이 되어버렸다. 원래 나의 것과 섞여서 어느 게 누구 것인지 확실히 가려내는 일이 어렵다. 어쩌면 완전히 가려내는 일은 불가능하거나 불필요할 수도 있다. 그럼에도 불구하고 나의 생각과 감정, 행동을 면밀히 지켜보며 분화와 통합을 향해 나아가야 한다. 그것이 삶의 목적이기 때문이다.

가치관이 형성되는 본질적 동기

자신의 신념이나 가치관은 자신에게나 좋은 것이다. 그것이 반드시 남에게도 좋을지는 알 수 없다. 그런데 우리는 종종 나의 신념을 남도 순순히 따라주길 바라거나 어떻게든 설득 시키려 한다. 이런 생각을 갖고 있기 때문에 자기신념을 지키지 못하면 자책하게 되고(혹은 합리화하거나), 남이 나의 신념에 거슬리는 행동을 할 때는 언짢아진다. 이렇게 관계가 경직되다 보면 삶 자체가 피곤해진다.

그런데 이 신념이나 가치관이라는 것은 사실 생존전략에 따라 임의적으로 달라진다. 죽을 둥 살 둥 할 때와 살 만해지고 나서의 생활 철학은 변하기 마련이다. 스스로 초라할 때와 내세울 게 많을 때의 관계 태도도 달라질 수 있다. 이 또한 그러려니 하면 되지 비난할 필요는 없다. 어쨌든 우리가 꽤나 원칙적으로 살며, 이성적이고 합리적으로 판단하는 것 같지만 전혀 그렇지 않다는 것을 볼 필요가 있다.

각자의 원칙이라는 것들은 대개 어릴 적부터 양육자에게 습득된 내용이거나, 과거의 경험으로 인한 감정적 판단이거나, 동일시나 투사처럼 무의식적으로 작동하는 정신작용에 따라 움직인다. 우리가 얼마나 무의식적으로 사는지 스스로 의식적으로 자꾸 일깨워야 한다. 옳거나 좋은 것, 당연히 그래야만 한다고 여기는 것들이 얼마나 왜곡되고 허술한 것인지 인식해야 한다. 그러니 그런 가치들에 자신과 타인을 옭아매지 않는 게 낫다. 그래야 불필요하게 에너지를 낭비하지 않으면서 자신과 타인을 있는 그대로 수용할 수 있다.

신념이 강할수록 억압도 거세진다. 원칙이나 신념 같은 것들의 생성 동기를 보면 더 잘 이해될 것이다. 그것들이 만들어지는 본질적인 동기 또한 욕망과 두려움이다. 그러니 신념이나 가치관을 지키는 일보다 자신의 욕망과 두려움에 솔직해지는 것이 우선이다. 그렇다고 두려움을 없애려고 노력하는 것은 필요도 없고 소용도 없다. 그럴 수 없기 때문이다. 두려움은 뇌 구조 안에 장착된 기본 생존전략 프로그램이다.

두려움 따위 없는 철인이 되고자 할 게 아니라, 두려워하는 것 자체를 꺼리지 않으면 된다. 두려워하는 나를 괜찮다고 여기면 된다. 자신에게 이것밖에 안 되냐고 채찍질하는 대신, 타인에게 어떻게 그럴 수 있냐고 비난하는 대신, '무엇이 두려운가', '무엇을 욕망하는가' 하며 존재를 향한 순수한 호기심을 내보자. 답을 내지 못해도, 답이 없어도 괜찮다. 정답 찾기에 전전긍긍하며 인생을 시험 치듯 살지 말자. 그저 질문할 뿐이다.

생각은 삶의 자세로 드러난다

가치관과 신념, 즉 생각은 삶의 자세로 드러난다. 당신은 어떤 삶의 자세를 지니고 있는가? 내가 나를 어떻게 대하는지, 나는 남을 어떻게 대하는지, 남이 나를 어떻게 대하도록 허용하는지 생각해보면 된다. 에릭 번의 상호교류 분석이론에서는 삶의 자세를 네 가지로 구분하고 있다.

1. I'm OK. - You're OK.

2. I'm not OK. - You're OK.

3. I'm OK. - You're not OK.

4. I'm not OK. - You're not OK.

딱 봐도 알겠지만, 나도 괜찮고 당신도 괜찮다고 여기는 태도가 가장 건강하다. 'Okay'란 말에는 'nice, fine, good, right'의 개념이 모두 포함되어 있음을 이해하며, 자신과 타인을 대하는 태도에 대해 생각해보자. 나는 의식적으로는 1번을 많이 사용하려고 하지만, 솔직히 말하면 3번의 속내를 갖고 있을 때도 많다. 종종 내 생각과 다른 남을 은근히 무시하는 마음이 들기도 하며, 나와 다른 의견을 내는 사람은 나를 이해하지 못하는 거라고 착각에 빠질 때도 있다. 당신은 어떠한가? 각 항목을 하나하나 살펴보자.

1번, 'I'm OK - You're OK'는 건강한 심리 상태로 긍정적 자아존중감이 형성된 경우이다. 자기수용과 타인수용이 가능하다. 나와 다른 의견, 감정, 삶의 태도, 종교, 정치관 등에 관용적이다.

2번, 'I'm not OK - You're OK'는 '나는 아무것도 아니야', '나는 가치 없는 사람이야'라는 부정적 자아상이 강하다. 타인의 가치와 목표를 따르며, 열등감과 부적절감을 쌓아간다.

3번, 'I'm OK - You're not OK'는 특히 '나는 옳고 너는 틀려'라는 사고가 깔려 있다. 실제로는 불안정한 자아를 갖고 있는데 이를 인식하지 못한 채 다른 사람 위에 군림하고자 하는 경향이 있다. 권위적인 직업군에 속한 이들이 많이 갖고 있는 내적·외적 태도이다.

4번, 'I'm not OK - You're not OK'는 삶 자체를 위험하고 냉혹한 것으로 인지하며 허무와 무력감을 키운다. 위축되어 있거나 냉소적인 태도가 강하다. 겉으로는 친절하고 원만해 보이는 사람도 내면은 이런 태도를 가진 사람들이 많다. 안과 밖을 모두 '좋지 않은' 것으로 인지하기 때문에, 진짜 자기를 드러냈다가는 더욱 위험해질 걸 알고 '좋은 척'하는 것이다.

우리는 네 가지 경향성을 모두 가지고 있다. 그날그날 기분에 따라, 상황과 사람에 따라 태도도 달라진다. 그럼에도 불구하고 자신만의 기본적인 삶의 자세는 이미 세팅되어 있으니 정직하게 자신을 점검해볼 필요가 있다. 그리고 그 강도가 어느 정도인지도 생각해보자. 상황에 따른 유연성을 발휘하지 못하고 언제나 '그래야만 한다'는 생각에 매여 있지는 않은지, 내게 중요한 사람에게 나의 가치를 따르기를 강요하고 있지는 않은지도 생각해보자. 만약 그렇다면 언젠가 나 자신도 번아웃될 수 있고, 소중한 그 사람이 나를 떠나게 될 수도 있다. 우리의 본성(참자아)은 자신만의 삶의 가치와 방식대로 살기를 요청하기 때문이다.

모호함을 견뎌내는 일

이런 질문을 받은 적이 있다. "고통을 놓아버리라고 하는데, 그러면 놓아버린 그 고통은 어디로 갑니까?"

　황당한 것 같지만 철학적인 질문이다. 고통이 어디로 가는지 난들 알겠는가. 대신 고통이 어디로 간다고 생각하는 그 '생각'에 대해서 얘기를 나눠보자고 제안했다.

고통이 어디서부터 오고 어디로 가는 것이라고 생각한다는 건 고통이 실체가 있다는 전제를 바탕으로 한다. 고통이란 몸과 마음에서 경험되는 아픔의 증상을 '고통'이라 개념화한 것이지, 고통 그 자체는 볼 수도 만질 수도 없다. 물론 눈에 보이지 않는다고 해서 없는 건 아니다. 하지만 그 실체 없는 것이 어디서 오고 어디로 가는지가 무슨 대수인가. 고통이 어디에서 온다는 이러한 생각에 매여 있다면 누가 내게 고통을 준다고 여기게 되어 더 힘들어질 수도 있고, 내가 누구(무엇) 때문에 고통받는다며 억울해지기도 할 것이다.

고통을 누가 주는가. 고통은 에고와 함께 원래 있던 것이다. 그러다 나의 에고가 작아지거나 소멸할 때 고통도 따라 약해지거나 없어지는 것이다. 즉 고통은 원래 거기 있거나 원래 없던 것이다. "그냥 그런 거야" 같은 이런 모호함이 답답하고 찜찜할지도 모르겠다. 이런 애매모호함이 유독 거슬리는 성격도 있다. 따지고 묻거나, 파고들어 정답 같은 걸 찾아야 직성이 풀리는 사람이 있는데, 나도 그런 편에 속한다. 이들의 집요함은 대개 불안에서 나온다. 하나의 답을 찾고,

정확한 길이라는 확신이 서야 안심이 된다. 물론 생의 어느 기간에서는 이런 집요함이 필요하기도 하다. 그러다 생각이 달라지는 것도 받아들여 보고, 오락가락하며 겪는 시행착오도 삶의 과정임을 인식하게 된다. 무엇보다 삶이 와르르 무너지는 것 같은 경험에서 가장 큰 배움을 얻을 수 있다. 힘들어 죽겠다 싶을 땐 전혀 몰랐던 것을 어느새 한시름 놓고 나니 깨닫게 되는 바가 있지 않던가. 나도 이런 과정을 통과해 왔기 때문에 지금처럼 "애매모호한 것도 괜찮더라"라고 말할 수 있는지도 모른다. 어쨌든 똑떨어지는 답이 없을 수도 있다는 것, 똑 부러지게 답을 하지 않아도 괜찮다는 것, 이런 길도 있고 저런 길도 있다는 것만 알아도 숨통이 트인다. 숨통이 트여야 생각이 유연해지고 감정이 풍부해지며 의식이 확장된다.

인지적 종결 욕구need for cognitive closure라는 개념으로 우리들의 사고가 얼마나 개방적이거나 폐쇄적인지 점검해볼 수 있다. 인지적 종결 욕구란 미국의 사회심리학자 아리 크루글랜스키Arie Kruglanski가 제안한 개념으로, 어떤 정보나 의견에 대해 반론의 여지가 없는 답을 찾거나 변하지 않는 결론을 얻고자 하며, 이미 결론지어진 자신의 생각을 고수하려는 욕구이다. 인지적 종결 욕구는 신속한 의사결정을 내리게 하고 질서정연한 삶의 구조를 만들게도 한다. 하지만 장점보다는 단점이 훨씬 많다. 반론의 여지가 생기는 걸 좋아하지 않기 때문에 나와 다른 의견에 귀 기울이지 못할 뿐 아니라, 심하면 (불안이 클수록) 배척하기도 한다. 자신의 판단과 일치하지 않는 의견을 제시하는 사람에게 부정적인 마음이 커질 수밖에 없다. 본인이 정한 결론을 바꾸고 싶어 하지 않기 때문에 다른 사람에게 자신의 의견을 강요하며 갈등을 초래하기도 한다. 특히 불확실하고 모호한 상황에서 스트레스가 커지는데, 그럴수록 평소 갖고 있던 자기신념에 더욱 매달리게 되어 사고는 점점 더 경직된다.

당신 주변에 이런 사람이 떠오르는가? 빨리 결론을 내라고 재촉하는 사람, 요점이 뭐냐며 핵심만 간단히 말하라고 내 말을 끊어먹는 사람, 그런 애매모호한 말이 어디 있냐며 잘 모르는 거 아니냐고 의심하는 사람, 나와 다른 의견을 가진 사람에게 "그거 잘못된 거거든" 하고 콕 찌르는 사람, 자기 기

준으로 볼 때 옳지 않은 길을 가는 사람을 구원해야 한다고
믿는 사람, 생각이 달라졌다거나 행동을 바꾸는 것에 과도하
게 예민하고 자책하는 사람. 이렇게 나열하니 인지적 종결 욕
구가 강한 사람은 정말 별로인 것처럼 보이지 않는가? 하지
만 자신을 정직하게 바로 보자. 나를 포함한 우리들의 모습이
다. 다만 우리는 굳센 확신보다는 말랑한 호기심을 가지고 자
신과 세계를 탐색하는 자세를 지니려 노력할 뿐이다. 애매모
호한 상황을 견디는 힘을 키울 뿐이다.

변하지 않는 것은 없다는 사실

지금까지 가치관과 당위적 신념이 어떻게 만들어지고 내면
화되는지, 그 부작용은 무엇인지, 개성화를 실현하기 위한 분
화의 중요성이 어떤지, 생각이 어떻게 네 가지 삶의 자세로
드러나는지, 인지적 종결 욕구가 어떻게 사고를 더 경직되게
만드는지 살펴봤다. 복잡해 보이는 이 모든 내용은 '영원불

멸, 고정불변인 것은 없다'로 요약할 수 있겠다. 아무리 선한 의도나 이타적인 동기라 할지라도 그 믿음과 규칙을 절대시하며 자신과 타인에게 강제한다면 얻는 것보다 잃는 것이 많다. 그것은 무지이며 폭력이고 충동이기 때문이다. 특히 옳음에 대한 자기신념(실은 강박)에 붙들려 있는 사람일수록 타인에게 가혹한 경우가 많다. 착한 사람이 누구에게나 착한 사람일 수 없고, 나쁜 사람도 죽을 때까지 나쁜 사람일 리 없다. 목에 칼이 들어오면 맹세도 접을 수도 있고, 노력하기로 결심했다고 해서 절대 포기하지 말란 법도 없다. 사실 우리 안에는 수많은 양가적인 요소들이 있다. 어떤 면에서는 보수적이고, 또 어떤 면에는 개방적이기도 하다. 그런 것들이 서로 드나들 수 있는 길을 터주자. 우리가 심리학 책을 읽고 마음공부를 하며 의식성장 글쓰기를 하는 이유는 편안하고 유연하며 자유롭게 살기 위해서다. 연민, 사랑, 용서 같은 영적 자원을 나누기 위해서다. 어딘가에 갇혀 있거나 들러붙어 있지 않기 위해서다. 이 점을 잊지 말자.

삶은 시간과 공간이라는 제한된 조건에서 이뤄진다. 몸과 마음의 상태에 따라, 만나는 인연에 따라, 어디서 무엇을 하느냐에 따라, 경험과 의식 수준에 따라 생각과 행동은 달라지고 변화하고, 수정되어야 마땅하다. 이로운 생각과 규칙이라는 것 또한 시간과 공간에 제약받는다. 조건에 따라 변화하지 않는 고정된 생각과 질서는 두려움과 나태, 집착의 산물이다. 사고와 행동이 고정되어 있다는 것은 어느 한쪽에 치우쳤다는 뜻이기도 하다. 치우침은 고집이나 집착과 다르지 않으며, 인간관계에서 긴장과 갈등, 상처와 고통을 유발한다. 그래서 모호함을 받아들이는 일은 치우침에서 벗어나 조화와 균형으로 나아가는 것이며, 중도를 실천하는 길이 된다.

의식적인 삶을 살기 위해서는 자동적인 사고, 습관적인 행동을 경계해야 하는 만큼, 영원한 것, 거룩한 것, 이상적인 것, 불변하는 것에 대한 환상도 경계해야 한다. 그렇지 못하면 이상의 세계에서 꿈꾸는 영웅적 사고에 도취할 위험이 있다. 진정한 나로 산다는 것은 이상이 아닌 현실에서 스스로 책임지며 담담하게 살아가는 것이다.

재미있는 선방 야화가 있다. 나무 불상에 군불을 지핀 천연 스님의 이야기다. 추운 겨울날 여러 고장을 돌아다니며 수행 중이던 천연 스님은 혜림사에서 하룻밤을 묵게 됐다. 군불도 없는 방에서 머무르다 추위를 참다못해 법당으로 달려갔다. 법당 한가운데 모시고 있는 목불을 내려다가 도끼로 탁탁 쪼개 불을 지폈다. 언 몸을 녹이고 있는데 절에 있던 스님들이 몰려나왔다. 모두 기절초풍할 지경이었다. 주지 스님도 크게 노해 부처님에게 무슨 짓을 하는 거냐며 꾸짖었다. 천연 스님은 천연덕스럽게 응수했다.

"부처님의 사리를 얻어볼까 다비식을 거행 중이오."

"나무 불상에서 무슨 사리가 나온단 말이오?"

"사리도 나오지 않는 부처님이라면 불이나 지펴 언 몸을 녹이는 게 마땅하오."

펄펄 뛰던 주지 스님의 말문이 막혔다. 이 이야기의 해석은 당신에게 맡기겠다.

모호함을 받아들이는 글쓰기

나의 가치를 타인에게 강요하는 것도 문제지만, 자신의 신념과 가치를 지키기 위해 지나치게 자신을 밀어붙이는 것은 더 문제다. 결국 자기 자신에게 하는 짓을 남에게도 똑같이 하게 되기 때문이다. 그러니 언제나 '나' 먼저 살필 일이다. 우리가 갖고 있는 '~해야만 한다/해서는 안 된다'는 생각을 낱낱이 꺼내 보자. 자그마치 목록 100개 쓰기를 제안한다. 100개를 어떻게 쓰냐고? 쓰다 보면 100퍼센트 100개 나온다. 아주 시시콜콜하고 옹졸하게 써라. '이런 것도 써도 되나?' 하는 바로 그것을 적어라. 자질구레한 욕구와 세속적인 욕망 모두를 지켜본다. 그것들이 이루어지든 그렇지 않든 의연하게 받아들이며 편안하고 자유로워진 당신의 모습을 상상하자.

더 깊은 내면을 보기 위한 팁

- 평소 내가 '~ 하고 싶다'라고 여기는 것들을 살펴보자. 대개 그 욕구 아래 '~해야만 한다'는 신념이 깔려 있을 것이다. 바로 그것이다. 우리들의 사고를 면밀히 들여다보면 온통 '~해야 한다/하면 안 된다'로 가득 차 있다.

목록 쓰기: 당위적 신념에 관하여(100개)

'해야만 한다'와 '해서는 안 된다'를 자유롭게 떠오르는 대로 섞어서 쓰면 된다. 생각나는 대로 빠르게 다 옮겨 적어라. 혹시 내면의 검열자가 어떤 건 쓰지 말라고 속삭이면, 괜찮다고 이곳은 안전하다고 안심시켜라.

나는 _____ 해야만 한다고(해서는 안 된다고) 생각한다.

예)

- 나는 뚱뚱하면 안 된다고 생각한다.

- 나는 사랑받아야 한다고 생각한다.

- 나는 인정받아야만 한다고 생각한다.

- 나는 이해받아야만 한다고 생각한다.

- 나는 절대 실패하면 안 된다고 생각한다.

- 나는 가난하면 안 된다고 생각한다.

- 나는 암에 걸려선 안 된다고 생각한다.

- 나는 누구에게든 미움받아선 안 된다고 생각한다.

- 나는 바보 같아 보이면 안 된다고 생각한다.

- 나는 설거지를 쌓아두면 안 된다고 생각한다.

- 나는 낮잠을 너무 길게 자면 안 된다고 생각한다.

- 나는 좋은 엄마가 되어야 한다고 생각한다.

- 나는 가족을 만족시켜줘야 한다고 생각한다.

- 나는 어른은 성숙해야 한다고 생각한다.

- 나는 부당함을 모르는 체하면 안 된다고 생각한다.

- 나는 누군가에게 연락이 오면 늦게라도 답변을 해줘야 한
  다고 생각한다.

- 나는 열심히 살아야 한다고 생각한다.

- 나는 포기하면 안 된다고 생각한다.

모호함을 받아들이는 문장으로 수정하기

나는 _____하거나 그렇지 않을 수(못할 수) 있다.

예)

- 나는 뚱뚱하거나 그렇지 않을 수 있다

- 나는 남편에게 사랑받거나 그렇지 못할 수 있다.

- 나는 인정받거나 그렇지 못할 수 있다.

- 나는 이해받거나 그러지 못할 수 있다.

- 나는 실패하거나 그렇지 않을 수 있다.

- 나는 가난하거나 그렇지 않을 수 있다.

- 나는 암에 걸리거나 그렇지 않을 수 있다.

- 나는 미움을 받거나 그렇지 않을 수 있다.

좀 더 깊게 생각해보기

―――――――

1. 당위적 신념들을 범주화해보자. 어떤 내용들이 가장 많은
   가. (예: 건강, 외모, 성공, 비판, 사랑 등)

2. 목록 쓰기를 하면서 새롭게 알게 된 것은?

3. 지금 나의 감정은?

4. 그동안 애쓰며 산 자신에게 칭찬과 고마움을 전하는 한 줄
   글쓰기.

15분 글쓰기: 나의 남은 생이 1년이라면…

―――――――

나의 남은 생이 1년이라면   하늘

나에게 남은 생이 오직 1년뿐이라면 나는 내가 하고 싶은 대로 하면서 막살고 싶다. 내가 가보고 싶은 곳도 바로 가고, 해보고 싶은 것을 미루지 않고 바로바로 하면서 살고 싶다. 좋은 감정이든 나쁜 감정이든 그때그때 표현하면서 살고 싶다. 그리고 내가 지금 두려워서 미루고 있는 것들을 해보고 싶다. 1년 동안 그런 것들을 다 하면서 내 생의 마지막 날에 후회 없는 1년이었다고 스스로 뿌듯해하며 눈을 감고 싶다. 내게 남은 생이 오직 1년뿐이라면 1분 1초를 소중하게 쓸 것이다. 잠을 자며 시간을 허비하지 않을 것이고, 내가 원하는 걸 하며 충분히 즐길 것이다. 나에게 있는 돈으로는 물건을 사기보다 경험을 사고 싶다. 방탄 콘서트에는 꼭 가고 싶다. 모든 방법을 동원해서라도 꼭 가보고 싶다. 가장 해보고 싶은 것은 부모님한테 사랑한다는 말을 꼭 전하는 거다. 그리고 하루는 밖에서 마음껏 바다와 예쁜 하늘을 구경하고 싶다. 지금의 감정은 뭉클하다. 특히 부모님을 생각하니 더더욱 그렇다. 슬프다. 너무 짧게 살다 가는 것 같아서, 내 잠재력을 확인해보지도 못하고 꿈을 펼쳐보지도 못해서, 1년 안에 하기엔 못 해본 것들이 너무나 많은데…, 짧은 생이 너무나도 슬프게 느껴진다. 그리고 지금 이 순간이 상당히 소중하게 느껴진다. 오늘, 하고 싶은 것 하나는 꼭 해야겠다.

알아차림 요약하기: 신념으로 얻은 것과 잃은 것

15분 글쓰기를 마쳤다면 아래 빈칸을 채우며 문장을 완성해보자. 특히 강한 생각 몇 개를 골라 모두 아래와 같이 알아차림 요약을 해보면 더 좋겠다.

_____이라는 나의 신념이 준 선물은 _____ 이다.

그 신념을 지키느라 잃은 것은 _____ 이다.

그 신념에게 내가 전하고 싶은 인사말은 _____ 이다.

이제 나는 _____ 하겠다/하지 않겠다.

예)

사람들에게 폐를 끼치면 안 된다는 나의 신념이 준 선물은 눈
치 없다는 소리를 듣지 않고, 아무래도 미움을 덜 받았다는 것
이다. 그 신념을 지키느라 잃은 것은 나의 욕구를 보살피는 능
력이다. 그 신념에게 이렇게 말하고 싶다.

"그래도 너 때문에 원만한 사회생활을 할 수 있었어. 고마워."

이제 나는 사람들이 원하는 것보다 내가 원하는 것을 하겠다.

내가 할 수 있는 건 나의 것뿐이다

한 사람을 용서하는 것은

우리 자신을 포함한

모든 세계를 용서하는 것이다.

✦

크리스틴 네프 *Kristin Neff*

울산으로 강연 가는 길, 기차에서 생긴 일이다. 서울역에서
일찌감치 탑승해 열차가 출발하기를 기다리는 중이었다. 곧
이어 사람들이 빈 좌석을 채우기 시작했다. 내 자리 바로 앞
으로 4~5명의 중년 여성들이 탔다. 모두 등산복을 입은 걸 보
니 단풍놀이라도 가는 모양이었다. 그들은 들뜨고 즐거워 보
였다. 내 연배처럼 보였기에 '친구들과 함께하는 여행길이 참
좋겠구나' 하며 옅은 미소가 퍼졌다. 다음 역인 광명에서 그
들의 일행이 또 탔다. 모두 7~8명이 되었다. 반가운 친구들이
늘었으니 그들의 기쁨도 커진 것 같았다. 그런데 문제는 그들

의 기쁨의 소리가 내게는 어느새 소음으로 들리기 시작했다
는 거다. 나는 눈을 좀 붙이고 싶었는데 떠드는 소리가 점점
거슬렸고, 마침내 그들을 비난하는 마음이 들기 시작했다.

'아휴 왜들 저러실까. 시끄러워 죽겠네. 열차 전세 냈나,
배울 만큼 배운 사람들 같은데 쯧쯧쯧….'

나는 이맛살을 찌푸리며 창 쪽으로 고개를 휙 돌려버렸다.

바로 그때, 나는 '공공장소에서 떠들면 안 된다'는 외부의
신념으로 타인을 비난하며 스스로를 고통으로 몰아넣고 있
다는 것을 알아차렸다. 그래서 바로 내게 질문을 던졌다.

'저들이 떠들면 안 된다고 생각하는 나는 지금 무엇을 하
고 있는가?'

→ '나는 마음속으로 남의 일에 간섭하며 사회가 심어놓
은 규범으로 남을 비난하고 심판하는 중이다. 그러면서 나 자
신과 잘 지내지 못하고 괴로워하는 중이다.'

이번엔 이렇게 물어봤다.

'만일 저들이 떠들면 안 된다는 나의 이 생각이 없다면, 나는 어떠하겠는가? 나는 어떤 상태로 머물 수 있는가?'

→ '그 생각이 없다면 나는 자연스럽고 편안한 상태일 것이다. 나 자신과 잘 지내는 상태에 머물 수 있다.'

이런 생각과 동시에 감고 있는 눈앞으로 다음과 같은 장면이 저절로 펼쳐졌다. 나는 지구로부터 몇십억 광년 떨어진 우주에 있다. 우주선에 홀로 있는 나는, 사람을 그리워하고 있다. 눈을 감고 있는데 옆에서 사람의 목소리가 들린다. 하하 호호 웃음소리가 정겹고, 마치 내가 그들인 것처럼 느껴졌다. 조잘조잘 떠드는 소리가 점점 멀어져갔다. 이후에 나는 더 이상 '생각'의 장난질에 놀아나지 않고 '나'인 그대로 편안하게 머물 수 있었다. 놀랍고 좋은 경험이었다.

이번에 나누고 싶은 주제는 바로 생각이다. 정확히는 한 끗 생각의 전환이다. 원칙과 신념은 약할수록 낫다는 앞 장의 내용과 이어지며 더 깊어진다. 원칙과 신념을 포함하는 생각이라는 것의 놀라운 파괴력과 긍정적인 힘을 동시에 엿볼 수

있을 것이다. 결국 자기긍정이 강화되고, 자기수용이 자연스
러워지며, 자신과 더 잘 지낼 수 있게 될 것이다.

　일단 정리하고 넘어가자. 앞 장에서는 가치관의 생성동기
는 두려움과 욕망이라는 것과 그렇게 만들어진 가치는 어느
정도 고정된 삶의 태도로 드러난다는 점을 살펴보았다. 특히
인지적 종결 욕구가 강할수록 자신의 판단을 바꾸고 싶어 하
지 않기 때문에 자기 생각을 남에게 강요해 (내적) 갈등을 초
래할 수 있다는 점도 짚어보았다. 그래서 규칙과 질서에 지나
치게 얽매여 삶의 다면성을 놓치지 않기를, 자신의 신념을 마
치 신앙처럼 떠받드느라 불통을 초래하지 않기를 기원했다.
그러기 위해서는 당위적 신념을 내려놓고 애매모호한 상황
을 버티는 힘을 키워야 한다고 제안했다.

　이번 장에서는 끊임없이 이야기를 지어내는 우리들의 생
각을 현미경으로 보듯 자세히 들여다보려 한다. 우리의 불편
한 심기나 고통, 자신을 비하하거나 좋아하지 않는 마음, 상
처와 갈등이 깊어지거나 끊어지기 힘든 이유 모두가 바로 나
의 생각에 있음을 알아차려 볼 것이다.

나는 나의 삶을, 그는 그의 삶을

전작 《당신 생각은 사양합니다》는 남에게 잘해주고 상처받는 착한 사람들에게 전하는 위로와 응원의 메시지였다. 이번 장은 전작의 심화 편이라고도 할 수 있다. 남에게 좋은 사람이 되기 위해 늘 배려하고 지나치게 희생하는 건 절대 좋지 않다. 좋은 게 좋은 거 아니냐고? 전혀 그렇지 않다. 좋은 게 독이 될 수도 있고, 나쁜 게 약이 될 수도 있다. 알 수 없다. 결국 남에게 좋고 안 좋고는 내가 판단할 일이 아니며, 그건 당사자에게 달려 있다. 상대에게 맞춰주는 것도 속내는 내 마음 편하자거나 내 할 일 다 했다는 자아도취적 만족감에서 기인할 때가 많다. 상대가 좋아할 것만 같은 일만 골라 하는 것도 상대를 기쁘게 해주기 위해서라지만 상대가 내 곁을 떠나가지 못하도록 하기 위한 무의식적인(혹은 의식적인) 조종인 경우가 더 많다. 이런 행동들은 자신의 욕구와 감정을 홀대하며 자기소외를 키우는 일이기 때문에 결국 피해의식이나 원망, 배신감을 맛보게 되어 있다.

특히 소중한 사람이 내 생각에 맞지 않는 행동을 할 때 심란함은 커진다. 하지만 이때야말로 내 생각이 얼마나 경직되어 있는지 살펴볼 수 있는 기회다. 진정 상대를 위한다면 그의 삶은 그의 몫으로 놓아주어야 한다. 그의 위기와 좌절과 고통을 그 자신 스스로 해결하고 통과하도록 기다려줘야 한다. 사랑하는 사람이라면 마음은 더 조마조마할 것이다. 불안하거나 죄책감이 들 수도 있다. 바로 그 불편한 내 마음을 볼일이지, 내 불안을 상대에게 투사하며 상대를 변화시킬 일이 아니란 뜻이다. 일방적으로 주는 사랑은 상대의 무력감을 키우며, 사랑하는 그 사람의 주체적이고 자율적인 삶을 방해한다. 스스로 문제를 해결할 수 없도록 만들며, 혼자 살아갈 수 없게 한다. 심하게 말하면 상대를 위한답시고 남의 인생을 망쳐놓게 될 수도 있다. 여기서 말하는 남은 부모, 자식이나 애정관계를 포함한다. 이들 관계가 가장 아픈 이유가 바로 여기에 있다.

내가 누군가의 삶에 간섭하며 대신 살아줄 때 나의 삶도 없고, 그의 삶도 없다. 좋아하고 사랑해서 그런 거라지만 결국 둘은 이어질 수 없다. 나는 나의 삶을 살고, 그는 그의 삶을 살 때, 우리의 삶으로 연결될 수 있다. 그러기 위해서 이제 우리가 해야 할 가장 중요한 일이 남았다. 바로 내 생각 보기이다. 멈춰야 할 것은 상대의 생각과 행동 짐작하기 그리고 상대의 생각과 행동을 고쳐놓으려는 마음이다. 내 것만 보면 되니 얼마나 다행인가! 너무 심각해지진 말고, '나는 어떤 뇌 구조로 되어 있는지 한번 볼까?' 하면서 그냥 흥미롭게 마주하면 좋겠다. 남 생각을 놓으라는 제안에 아직 저항감이 들지도 모른다. 여전히 나의 생각과 신념을 꽉 붙들고 있고 싶은 마음이 든다면 '그런데 그거 왜 그렇게 붙들고 있으려고 하는 건데?', '그거 붙들고 있으면 뭐가 좋은데?', '누가 그렇게 하라고 했는데?'와 같은 질문을 자신에게 해보자. 그 생각이 없다면 당신이 무너질 것 같은가? 잘못 살아왔다고 비난받는 것 같은가? 당신이 옳다는 생각이 더욱 강해지는가? 그렇다면 도대체 왜 그럴까?

자기 생각이 지나치게 확고한 이유

틀이 강한 생각을 놓기 싫다면 실은 마음 밑바닥에 두려움이 잔뜩 깔려 있을 것이다. 그 생각을 신처럼 받들며 삶을 지탱해왔는데 그걸 내려놓으라고 한다면 당장 내 존재가 무가치하고, 지금껏 살아온 내 삶이 무의미하게 느껴질 수 있다. 인간 존재의 속성이 그렇다. 인간은 항상성을 추구한다. 그래서 변화를 싫어한다. 변화는 미지의 곳으로 나아가라는 명령이기에 필연적으로 두려움을 유발한다. 그래서 우리는 생각도, 행동도, 가치관도 바꾸고 싶지 않다. 바꾸고 싶지 않은 그 생각을 놓아주는 일은 나의 에고와 맞서는 일이다. 에고는 보수적이기 때문에 그냥 지금처럼 살라고 꼬드긴다. 그런데 몸은 에고보다 더 보수적이다. 변화를 더 싫어한다. 그렇기에 변화라는 건 사실 죽고 다시 태어나는 것과 같다.

생각을 바꾸기 싫어하는 마음 아래 두려움이 있다는 건 또 이렇게도 볼 수 있다. 자기 생각이 지나치게 확고하다면, 아이러니하게도 자기확신과 자기신뢰가 부족하다는 뜻이다.

변화를 이끌어내고, 변화에 적응하며, 새로운 것을 받아들이려면 자기확신이 필요하다. '쉽지는 않겠지만 한번 해보자', 나아가서는 '어떤 일이 펼쳐지는지 한번 볼까?', '내가 언제까지 저항하고 어디까지 가는지 끝까지 한번 지켜보겠어'라는 배짱은 자기신뢰에서 나온다. 그러니 내 생각을 집요하게 고집하는 경향이 있다면, 자신을 진정으로 믿고 있는지, 사람과 삶을 어떤 태도로 대하고 있는지, 좋은 쪽이든 나쁜 쪽이든 투사에 사로잡혀 있는 건 아닌지 곰곰이 지켜보는 시간을 가져보길 바란다. 혹여 지금은 자기신뢰가 좀 부족하다고 하더라도 자꾸 이렇게 자각하는 연습을 할수록 자기신뢰감이 깊어지고 배짱이 두둑해진다. 조금만 용기 내면 된다.

오래된 일 하나가 떠오른다. 스승님과 '핵심가치 찾기'라는 작업을 하고 있었다. 도표에 나열된 가치 단어 중에서 내 마음에 드는 것을 모두 표시하는 과정이다. 처음엔 30개쯤 골랐을 거다. 그다음 반으로 줄여보라고 하고, 또다시 반으로, 마지막으로 딱 1개만 남겨놓으란다. 나는 그 작업이 정말 힘들었다. 지키고 싶은 가치를 버릴 수가 없었다. 이렇게 우리는 내 것이라고 여기는 것, 내 것이었으면 하는 것들을 움켜

잡고 싶어 한다. 종이에 쓰인 단어에 엑스 표시하는 것도 그렇게 힘들다는 것은 나의 에고가 그만큼 단단했다는 증거다. 이 점을 이해해보자. 그러니 다른 사람도 마찬가지다. 다른 사람도 자신이 지키고자 하는 삶의 가치나 태도를 바꾸고 싶어 하지 않는다. 그걸 자꾸 바꾸라고 하면 일단 죽으라는 소리와 비슷하다. 그게 어디 남에게 할 소리인가. 남 걱정하지 말고 나나 잘하면 된다. 두통을 유발하고 심장을 벌렁거리게 하는 우리의 괴로움 목록 안에는 남이 너무 많이 들어 있다. 그러니 내 삶을 살 수가 없다. 살고는 있는데 재미가 없다.

남에게 간섭할수록 고통스러워진다

걱정과 불안으로 마음이 무거운가. 뜻한 일이 잘 안 되어 화가 나고 절망감이 드는가. 그래서 사는 게 힘겹고 재미가 없는가. 가슴 아픈 일이다. 우리 그렇게 아프게 살지 말자. 인생을 극기훈련이나 생존게임처럼 살지 말자. 자기수용, 자기긍정을 위해 가볍게 생각하고 의연하게 삶을 대해보자. 오늘의 중요한 문제가 시간이 지나고 나서 보면 사소한 문제일 수 있다. 지금의 문제를 해결하기 위해 어떻게 할 것인가에 매달리기보다, 내가 어떻게 하고 있는지 지켜보는 자세가 필요하다. 그러다 보면 해답이 저절로 등장한다. 삶이 나를 통해 무슨 일을 하려는지 호기심을 가지고 내 인생을 탐색해보자. 이번에는 삶의 만족도를 떨어뜨리는 것만 같은 그 상황에 어떤 '남'이 얼마나 끼어 있는지, 왜 그들을 자리했는지 탐색해볼 것이다.

아들이 말썽만 피우지 않으면 걱정거리가 없는데….
자녀가 대학만 가면 좋겠는데….
내가 좋아하는 사람이 나를 좋아해주면 행복할 것 같은데….
직장 상사가 나를 존중해준다면 일할 맛이 날 텐데….
부모가 나를 좀 더 이해해주면 상처받지 않을 텐데….
남편이 나를 신뢰하면 갈등이 없을 텐데….

우리가 소망하는 편안하고 좋은 상황에 남이 해줘야 할

게 의외로 많지 않은가? 특히 자신보다 남을 더 위하며 산 사람들은 남을 어떻게 할 수 있다는 생각도 더 강하다. 사랑이라고 착각하기 때문이다. 결국엔 인정·애정의 욕구이고 보상심리인데, 그게 남을 통해 얻어지는 게 아니니 애간장이 더탄다. 우리, 인정하고 싶지 않더라도 한 번쯤 용기를 내어 솔직해져 보자. 과연 남이 내 마음대로 됐는지, 당신의 노력이 성공했는지 말이다. 분명히 성공하지 못했을 테고 부작용이더 컸을 것이다. 그런데도 여전히 남을 내 생각대로 어떻게하고 싶은가? 정말 그게 가능할까? 절대 아니다. 하지만 우리는 여전히 그렇게 하려고 한다. 잔소리, 충고, 설득, 회유, 협박, 무시, 저항, 아부, 부탁, 기도, 삐치기, 따지기 등 남을 내가원하는 사람으로 만들기 위해 안 써도 되는 에너지를 얼마나많이 쓰고 있는지 봐야 한다.

이런 에너지는 지배와 통제의 에너지이기 때문에 쓰면 쓸수록 더욱 혼란스럽고 고통스러워진다. 특히 중요한 타인, 사랑하는 사람에게는 더욱 그렇다. 지금까지 그래왔다고 후회하거나 자책 같은 건 할 필요 없다. 그런 마음은 우리 자신에게 도움이 안 된다. 대신 그렇게 애쓴 우리 자신을 위로해주면 된다.

'내가 남의 일에 간섭한 건 인정받고 사랑받기 위해서였어. 그땐 정말 그를 위하는 거라고 생각했어. 자책할 필요는 없어. 이제는 내가 나에게 더 잘해줄 거야.'

'내가 남의 일에 간섭한 건 그를 내 옆에 붙잡아두기 위해서였어. 그가 나를 떠날까 두려웠거든. 자책할 필요는 없어. 이제는 내가 나를 믿고 지켜줄 거야.'

지금까지 내 기준에 맞게 남을 바꿀 수 없다고 이야기했다. 그러면서 그것으로 괴로움을 키우고 내 인생을 낭비하지 말자고도 했다. 이제 반대의 경우도 생각해봐야 한다. 내가 아닌 다른 사람이 되고자 하는 것, 남이 원하는 내가 되려고 하는 것, 남이 좋아하는 내가 되려고 하는 것, 남에게 인정받는 내가 되려고 하는 것. 이런 마음이 있다면 자신도, 남도 다 바꾸려 들게 된다. 나도 너에게 맞춰줬으니까 너도 나한테 맞춰줘야 한다는 심리다. 이런 유형의 관계를 불안정 애착이라고 한다. 의존성(통제 욕구도 의존성이다), 타인에게 승인받아야

안도하는 마음, 거절에 대한 지나친 민감성 등이 특징이다.
이러한 애증적인 중독 상태 또한 두려움에서 생긴다. 자기 자
신과 타인, 세상에 대한 기본적인 신뢰조차 부족하거나 없기
때문이다.

예를 들어 애인이나 배우자, 부모나 자식이 나를 사랑하
는 걸 증명해야 한다고 여기거나, 사랑하지 않는 증거를 찾는
다거나, 상대의 끊임없는 고백이나 선언이 있어야만 확신할
수 있다면 내 마음의 두 가지 측면을 점검해보자. 첫째, 오히
려 내가 상대를 향한 애정에 확신이 없을 수 있다. 둘째, 자신
이 사랑받을 만한 존재라는 확신이 없을 수 있다. 물론 둘 다
일 가능성도 있다. 나를 먼저 믿어야 남을 믿는 것도 가능하
다. 그러면 나도 누군가가 바라는 내가 될 필요가 없듯이, 남
도 내가 바라는 사람이 될 필요가 없다는 것을 확실히 자각할
수 있다. 각자가 주체적으로 살아야 타인과 진짜 사랑으로 연
결된다.

이 책의 주제는 자기수용이다. 우리 자신과 잘 지내며 편
안하고 자유롭게 살자는 거다. 그런데 그 길에 자꾸 남을 끼
워 넣어 자기 삶이 만족스럽지 않거나, 심지어 고통스럽고 불

행하다고 느낀다면, 이거야말로 자신에게 참으로 미안한 일
이다.

'앎'이라는 착각

~~~~~~~~~~~~

나는 나를 얼마나 알고 있을까?

나는 정말 내가 알고 있는 그런 사람일까?

나는 '그 사람'을 정말 알고 있을까?

내가 알고 있다고 생각하는 '그 사람'은 정말 그런 사람일까?

나의 생각은 과연 진실일까?

모른다. 알 수 없다. 우리를 속이고 있는 것은 바로 내가
알고 있다고 생각하는 그 생각이 아닐까? 내가 나를 속이고,
나에게 속고 있다면? 안다고 믿을 때 걸림이 생기고 갈등이
벌어진다. 안다는 생각을 붙잡고 있을 때 자기만의 세상에 갇
히고, 소중한 사람과 멀어진다. 우리가 안다고 생각하는 그

앎은 사실 알음알이에 불과하다. 대승불교의 유식학을 전해 주는 서광 스님은 알음알이를 명확히 알려준다. 알음알이는 지식을 습득하는 과정에 아치我痴, 아견我見, 아만我慢, 아애我愛의 네 가지 자아의식이 개입하여 객관적 사실과 현상을 왜곡하는 작용이라고 한다. 알음알이는 삶의 현장에 도움을 주기보다 갈등과 긴장, 미움을 유발한다고 하였다. 내가 안다고 생각하는 것이 알음알이에 불과하다는 것을 자각하면 적어도 무지의 상태는 아니다.

내 생각이 틀릴 수도 있다는 생각을 자주 하는 편인가? 막상 정말로 내 생각이 틀렸음이 밝혀졌을 때 어떤 기분이 드는가? 왠지 진 것 같아 기분 나쁜가? 제대로 알지 못한 것이 창피한가? 나를 곤혹스럽게 한 상대에게 불편한 마음이 드는가? 사람들 대부분이 비슷하다. 내 생각이 틀릴 수 있다는 가능성을 늘 열어둔다면 앞으로 이같이 어두운 감정은 덜 일어나거나 아예 일어나지 않을 것이다. 그리고 불필요하게 자신과 타인을 비난하는 일은 줄어들고, 대신 그 자리에 받아들임의 에너지가 차오를 것이다. 자기수용이란 이런 것이다.

'다 안다'라는 착각보다 조금 약한 생각이 '그럴 게 뻔해'라는 짐작이다. 이 역시 경계해야 한다. 우리는 자주 안다고 생각하거나 그럴 거라고 짐작하면서 자신에게서 멀어지고, 타인의 세계를 침범한다. 자신과 잘 지내고, 타인의 세계를 침범하지 않기 위해서는 그 중심에 있는 나 자신에게 질문하는 능력을 키워야 한다.

'나는 이런 생각을 하고 있구나.'

'이 믿음이 없다면 나는 누구인가.'

'나로 살기 위해 이 생각이 반드시 필요한가?'

자신에 대한 믿음도 의심해봐야 한다. 대부분 왜곡·과장·축소된 경우가 많다. 타인을 향해서도 마찬가지다. 그에 대한 판단을 잠시 유보하고 그의 어떤 모습을 만날 수 있을지 호기심을 가지면 어떨까? 그래야 내가 괴롭지 않다. 그래야 나 자신과 내 인생이 가슴으로 받아들여진다. 그렇게 대단하지 않아도 괜찮다고 느껴진다. 그렇게 나의 생각은 점점 확장되고, 나와 남이 진정한 사랑으로 이어진다.

실전 치유글쓰기

타인과 사랑으로 연결되는 글쓰기

타인을 향해 내 생각을 고집하는 마음에 대해 면밀히 살펴볼
것이다. 내 마음에 안 드는 타인의 어떤 모습을 떠올려본다.
가장 가까운 가족부터 시작해서 친구, 동료, 완전한 타인으로
관계의 범위를 넓혀가며 생각해보자. 마음에 들지 않는 타인
의 습관, 타인의 성격, 타인의 기질, 타인의 라이프스타일을
적어보자. 역시 너그럽지 않게, 못나게, 쩨쩨하게 써라. 나의
비리를 낱낱이 꺼내고 나면 가뿐해진다.

빈칸 채우고 목록 쓰기: 남의 일에 간섭하고 있는 것

(누구)는 _____ 해야 한다 / 하면 안 된다.

예)

- 남편은 술을 끊어야 한다.

- 남편은 사업에 실패하면 안 된다.

- 아내는 너무 사교적이라 바깥 활동을 좀 줄여야 한다.

- 아내는 집 청소를 더 깨끗이 해야 한다.

- 큰 애는 잠을 좀 줄여야 한다.

- 우리 애들은 친구를 잘 사귀어야 한다.

- 식구들은 신발을 가지런히 벗어 놓아야 한다.

- 엄마는 내게 잔소리를 그만해야 한다.

- 엄마는 나를 무조건 이해해줘야 한다.

- 시부모님은 내게 본인 아들 자랑을 그만해야 한다.

- 언니는 아빠에게 더 공손해야 한다.

- 여동생은 옷을 얌전하게 입어야 한다.

- 애인은 집에 잘 들어갔다고 내게 메시지를 보내야 한다.

- 애인은 친구들을 자주 만나면 안 된다.

- 내 친구는 언제나 내 편을 들어줘야 한다.

- 내 친구는 내 말에 동의하고 공감해줘야 한다.

- 사람들은 지하철에서 먼저 내린 후 타야 한다.

- 사람들은 우리 집 앞에 차를 세우면 안 된다.

- 사람들은 이기적으로 행동하면 안 된다.

- 사람들은 민폐를 끼치면 안 된다.

고쳐 쓰기 1: 이 생각이 없다면 나는…

이렇게 쓴 목록을 '이 생각이 없다면 나는'으로 시작하는 문장으로 모두 고쳐본다. 지금까지 한 글쓰기 중에서 가장 난이도가 높은 항목이다. 술술 써지지 않을지도 모른다. 잘 고쳐지지 않는 문장은 이유가 있다. 그 생각에 더 강하게 집착하고 있는 걸지도 모른다. 그런 항목은 표시해두고 일단 넘어가

라. 시간을 갖고 그것에 대해 깊게 사유해보자.

- 남편은 술을 끊어야 한다.

  → 이 생각이 없다면 나는 남편이 왜 술을 그렇게 많이 마시는지 궁금할 것이다.

- 아내는 너무 사교적이라 바깥 활동을 좀 줄여야 한다.

  → 이 생각이 없다면 나는 사람들이 아내의 어떤 점을 좋아하는지 알고 싶을 것 같다.

- 우리 애들은 친구를 잘 사귀어야 한다.

  → 이 생각이 없다면 나는 아이에게 자유롭게 누구와도 친구가 될 수 있다고 말할 것이다.

- 엄마는 나를 무조건 이해해줘야 한다.

  → 이 생각이 없다면 나는 나도 엄마를 다 이해하지 못한다는 것에 미안해하지 않아도 된다.

- 언니는 아빠에게 더 공손해야 한다.

  → 이 생각이 없다면 나는, 둘 사이를 중재하지 않아도 된다. 그건 언니와 아빠와의 관계니까. 언니의 태도가 문제가 있다면 아빠가 언니에게 요청해야 한다.

고쳐 쓰기 2: 나는 이제 다른 길을 걷고 있다

먼저 아래의 글을 읽은 후, 나만의 언어로 바꿔본다. 글의 구조를 그대로 사용해도 좋고, 마음에 드는 구절만 골라 바꿔 써도 괜찮다. 혹은 '나는 이제 다른 길을 걷고 있다'는 주제로 아예 자유롭게 내 마음대로 써봐도 좋겠다.

#1
나는 길을 걷는다.
길에 깊은 구멍이 있다.
나는 그곳에 빠진다.
길을 잃었다. 속수무책이었지만
내 잘못이 아니다.
출구를 찾는 데 시간이 끝없이 걸렸다.

#2
나는 같은 길을 걷는다.

길에 깊은 구멍이 있다.

나는 못 본 척한다.

난 다시 그곳에 빠진다.

똑같은 곳에 있다는 것이 믿어지지 않는다.

그래도 내 잘못이 아니다.

빠져나오는 데 또다시 한참이 걸린다.

#3

나는 같은 길을 걷는다.

길에 깊은 구멍이 있다.

구멍이 보인다.

나는 여전히 그곳에 빠진다. 하나의 습관이다.

그래도 나는 눈을 떴다.

내가 어디 있는지 안다.

이건 '내' 잘못이다.

난 얼른 구멍에서 빠져나온다.

#4

나는 같은 길을 걷는다.

길에 깊은 구멍이 있다.

그 둘레로 돌아 걷는다.

#5

나는 이제 다른 길을 걷는다.

— 포샤 넬슨, 〈짧은 다섯 장으로 된 자서전〉

예)   마리

#1

나는 결혼을 했다.

그곳에 깊은 구멍이 있었다.

나는 그곳에 빠졌다.

내 잘못은 아니었다.

나가는 길을 찾는 대신 구멍을 원망했다.

#2

나는 결혼생활을 유지하고 있었다.

그곳에 깊은 구멍이 있었다.

다시 그곳에 빠졌다.

나는 온몸에 상처를 입었다.

그래도 내 잘못이 아니었다.

구멍을 원망하면서 고통을 과장했다.

#3

나는 계속 결혼생활을 유지하고 있었다.

그곳에 깊은 구멍이 있었다.

구멍이 보였다. 그런데도 또다시 빠졌다.

고통을 과장할 필요가 없을 만큼 충분히 고통스러웠다.

그래서 나는 눈을 떠야만 했다.

구멍을 피할 수도 있었음을 인정했다.

내 잘못이었다.

#4

나는 여전히 결혼생활을 하고 있다.

그곳에 깊은 구멍이 있었다.

그 구멍을 바라본다.

그리고 빠져야 할 필요가 있는지

어떤 목적을 가지고 빠질 것인지

아니면 피할 것인지 나에게 물어본다.

#5

나는 이제 용감하게 결혼생활을 하고 있다.

스스로 비난하지 않으면서.

구멍을 원망하지 않으면서.

알아차림 요약하기: 내 삶을 온전히 받아들이기

고쳐 쓰기를 마쳤다면 아래 빈칸을 채우며 문장을 완성해보

자. 기본적인 틀만 유지한 채 자신의 언어로 유연하게 구조를 변경해도 좋다.

내가 _____ 한 것은 _____ 했기(못 했기) 때문이다.
이제부터 내가 할 일은 _____이다.

예)

내가 결혼생활에서 피해자가 되었던 이유는 남편이나 시부모의 강요 때문만이 아니라, 그들에게 인정받고 사랑받으려고 그들의 강요에 내가 굴복했기 때문이다. 이제부터 내가 할 일은 미움받을 용기를 가지고 나 자신을 사랑하는 것이다.

책을 마치며

내 삶을 온전히 받아들이기 위한 자기수용 10단계를 모두 통과한 당신, 수고 많았고 축하한다. 매 단계 글쓰기를 하며 찬찬히 따라온 사람도 있을 테고, 이제 글쓰기를 해볼 마음이 생긴 사람도 있을 것이다. 다 좋다. 지금 당장 하지 않아도 언젠가 하게 된다면 그것으로 좋고, 결국 하지 못하게 된다고 해도 괜찮다. 다만 내가 한 모든 선택을 인정하고 책임지며, 내 삶을 긍정하는 일은 당장 마음만 먹으면 할 수 있다는 것만은 기억하길 바란다. 그게 바로 나를 사랑하는 일이다.

책을 읽으면서 불편한 감정이나 복잡한 생각들이 올라왔

을지도 모르겠다. 물론 잘 알지 못했던 마음 작용을 이해하거나 변화를 향한 통찰도 분명히 일어났을 것이다. 이 또한 나쁘거나 좋은 것은 없다. 당신이 경험한 것이 진실이며, 그것을 있는 그대로 받아들이자고 안내하는 것이 이 책의 목표였다. 이번 책에서도 내 이야기를 많이 했다. 잘하거나 대단한 일들이 아니라, 끔찍하게 아팠고 부끄럽고 후회되는 일들이었다. 나의 실수와 한계는 당신의 것이기도 하며, 당신의 힘과 지혜는 나의 것이기도 하다. 그렇기 때문에 우리는 이미 온전한 존재라는 것을 내 삶과 내가 만난 사람들의 이야기로 전하고 싶었다. 세상에서 가장 확실한 사실은 이 세계는 불확실하다는 것이며, 우리 자신에 대한 가장 왜곡 없는 사실은 우리는 모두 불완전하다는 것이다. 불확실함과 불완전함을 수용하는 일이 점점 수월해지고 나아가 그 안에서 자유로워질 수 있도록 우리를 힘껏 응원한다.

많은 사람들의 도움과 응원을 받았다. 먼저 치유글쓰기에 대한 애정과 확신으로 자신의 글을 선뜻 내어준 민지, 파랑, 민영영, 쑥맘, 포미포유, 꿀, 햇살이, 하늘, 마리, 열달, 지랄,

펭구스, 놀자, 별이에게 참으로 고맙다. 받아놓고 싣지 못한 글도 있어 아쉬움과 미안함도 전한다. 내가 하는 일에 언제나 진심 어린 관심과 애정으로 토닥여준 친구 경순과 지영이, 치유하는 글쓰기 연구소에서 도반으로 같이 성장한 마리와 기쁜 소식이 보내준 지지와 격려에 큰 힘을 입었다. 치유글쓰기에 관심을 가져주고 신뢰와 열정으로 함께한 수오서재의 파트너 마선영 편집자에게도 고마움이 크다. 나를 온전하게 살도록 이끌어준 사랑하는 스승 박미라 선생님에게 이 책을 바친다. 마지막으로 당신, 언제나 최선을 다해 살고 있는 당신과 지금 그대로의 당신 삶을 향해 가슴 깊은 곳에서 퍼지는 존중의 박수를 보낸다.